# 世界は行動経済学でできている

橋本之克

アスコム

Q

ビュッフェ形式の社員食堂が人気のグーグルでは、
食事もお菓子も甘いジュースも取り放題。
「入社すると最初の数カ月で平均6・8キロ太る」
とも言われていました。
それが、ある工夫をしたことで、
社員の摂取カロリーを
大きく減らすことができました。
どんな取り組みだと思いますか？

# はじめに——私たちの選択と行動は無意識に誘導されている

はじめまして、橋本之克と申します。

私は、広告代理店などでマーケティングやブランディングの戦略プランナーを長年務め、現在はフリーで企業のコンサルティングや、行動経済学に関する講義、書籍執筆などを行っています。


さて、冒頭のクイズについて。

答えは「**お菓子や甘いジュースを取りづらくした**」ことです。


これは、世界的ＩＴ企業・グーグルのニューヨークオフィスでの事例です。

グーグルは、社員の健康維持や、より良いパフォーマンスを引き出すこと、社員同士のコミュニケーションの活性化などを目的として、社員食堂の運営に力を入れています。

食事はすべて無料で、豊富なメニューを取りそろえたビュッフェ形式のランチや、無料の自動販売機なども設置されています。

そのためアメリカでは、「The Google 15」という言葉があり、グーグルに転職すると15ポンド（約6・8キロ）太るとも言われていました。

そこで、社員の健康増進のため、さまざまな対策を実施することになりました。

野菜や果物をできるだけ目立つところ、取りやすいところに置き、デザートやお菓子、甘いジュースなどハイカロリーのものは、取りにくい場所や容器に変えました。

その他にも、小さい皿を使うことを推奨するなどの取り組みを行い、社員の摂取カロリーを10％以上減らすことに成功したと言います。

人は基本的に面倒くさがり屋なので、「取りやすいところに置いてあるもの」を選びがちです。こうした選択と行動は、ほぼ無意識に行われているため、従業員側に自主的に選ぶものを変えてもらうのは簡単ではありません。

そこで、**太る原因になりそうなものを取りにくくして、「取るのが面倒だから選ばない」形に変えた**のです。

これには、行動経済学の「ナッジ」という考え方が用いられています。

ナッジ（nudge）とは、英語で「（注意を引くために）軽くつつく、そっと押す」という意味の言葉で、それが転じて「ある行動をそっと促す」ことを言います。

ビジネスや行政の現場では、この行動経済学の「ナッジ理論」を活用し、強制したり罰則を設けたりすることなく、人々が自発的により良い行動を選択できるように促しています。

例えば、公共トイレの男性用小便器内に「射的の的」の絵を描いて、トイレを汚さない努力を自然な形で促したり、スーパーなどのレジ待ちで、並ぶ位置に足跡のステッカーを貼ることで整列を促すなど、身近なところにたくさんのナッジが使われているのです。

行動経済学とは、心理学と経済学を組み合わせることで、人間の不合理な行動の謎を解き明かす学問です。その理論はビジネスやマーケティングの場で、**「人々を企業などにとって都合の良い方向に誘導するため」に、多数活用**されています。

私たちは日ごろ、

「自分の意思で物事を決定して、最適な行動をしている」
「常にしっかり考えて選択をしている」
「自分の人生は自分でコントロールできている」

と思いがちです。

でも実際は、そのときの状況や自らの感情、売り手側の巧妙な仕掛けや、さまざまなバイアスに左右され、無意識のうちに誘導されているのです。

行動経済学を学び、人間の思考のクセや行動パターンについて知ることは、そんな**「無意識に誘導されてしまう」状況から脱し、自分にとってより「正しく」「最適な」選択や決定ができるようになる**ことにつながるわけです。

しかし、ここには1つ弱点があります。

それは、**「行動経済学の理論は知っていても、自分の生活や仕事の中でどのように活用すればいいかわからない」**ということ。

先ほどの「ナッジ」も、「じゃあ自分でも使ってみよう」と思っても、実際どのように取り入れていけばいいのかわからない……という人は多いのではないでしょうか。

そこでこの本では、**「具体的な行動経済学の使い方を伝える」こと、そして「おもしろくわかりやすく行動経済学を学べる」ことを重視**しました。

そのために行動経済学の知識だけでなく、広告会社とシンクタンクで30年以上、生活者の心理分析や購買促進を行ってきた経験をフル活用しました。

他の行動経済学の本と比べても、一味違う内容になったと思います。

行動経済学の本には、企業のマーケティングや商品開発、公共関係の方々など、いわば「誘導する側」の人向けのものが多くあります。

しかし本書は、「とにかく個人が生活や仕事の中で行動経済学を使えるようになること」がテーマですので、事務職の方でも、総務や経理を担当されている方でも、仕事をしていなくても、学生でも、どんな人でも役に立つ内容となっています。

行動経済学は、ビジネスシーンだけに登場するものではありません。**「行列に並びたくなる」「思い出の品が捨てられない」「やることを先送りしてしまう」など、日常でよくある出来事の裏側にも、実はたくさんの行動経済学が隠れています。**

この本では、仕事や人間関係、夫婦や親子、恋愛パートナーとの悩み、買い物でやりがちな失敗など、日ごろ誰もが遭遇しがちな身近な事例を用いて行動経済学の使い方を学んでいきます。

行動経済学の知識を得て、それを自分で実践していくことで、**私たちは、より賢い生活者になることが可能**です。そして、より良い選択や行動ができるようになることは、**人生を自分の思いどおりに歩んでいくこと**にもつながります。

この世界は、行動経済学でできている。
そのカラクリをぜひ、一緒に学んでいきましょう。

橋本 之克

『世界は行動経済学でできている』目次

はじめに――私たちの選択と行動は無意識に誘導されている　4

## 第1章　誰もが相手を「都合よく動かしたい」と思っている

● スムーズに上司の決裁をもらいたければ夕方を狙え（決定麻痺）　16
● 私たちの判断は「根拠のない基準」に左右されている（アンカリング効果）　30
● 「自由に選べないこと」は不幸の始まり（コントロール幻想）　38
● 「月1で3カ月」より「3日連続」のほうが好意につながる理由（ザイオンス効果）　48
● 人たらしが使っている「相手を気持ちよくさせる」一番簡単な方法（スポットライト効果）　61
● 物事の評価を左右するのは「転」と「結」である（ピーク・エンド効果）　75

●高額な「おねだり」を成功させるコツ（参照点依存性） 83
●「とりあえず生ビール」に同意してしまうわけ（同調効果） 94
●ビジネスも人間関係も「与えよ、さらば与えられん」が成功のカギ（返報性の原理） 103

# 第2章 他人に「勝手な期待」をしてしまう理由

●行列に並ぶ人は「思考停止状態」になっている（バンドワゴン効果） 116
●人に対する「思い込み」を持つことの危険性（ラベリング効果） 129
●「あの子、お前のこと好きらしいよ」が嬉しいわけ（ウィンザー効果） 143
●なぜ上司は、昨日と今日で言っていることが変わるのか？（後知恵バイアス） 154
●ごみを高級品に変える魔法のテクニックとは（ハロー効果） 161
●私たちは「変化しないもの」に安心感を覚える（一貫性の原理） 172

# 第3章 「怠惰な自分」を最適化する方法


● 「1年の計は元旦にあり」は行動経済学的に誤りだった（現在志向バイアス） 182
● 「やりたいこと」になかなか挑戦できないわけ（サンクコスト効果） 197
● 「もう使わないもの」が捨てられない理由（損失回避、保有効果） 210
● タスク管理のカギは「やることリスト」のコンプリート（オヴシアンキーナー効果） 223
● 仕事を「キリのいいところ」で終わらせてはいけない理由（エンダウド・プログレス効果） 233
● 「失敗が怖くて挑戦できない」のは性格のせいじゃない（後悔の回避） 242

## 第4章 私たちは、なぜ「自分は正しい」と思い込んでしまうのか


●「ジャイアニズム」に潜む行動経済学とは（フォールスコンセンサス効果） 262
●「どうして私ばっかり！」という不満はなぜ生まれるのか（利用可能性ヒューリスティック） 278
●「なんでも人のせいにする人」の隠された心理（認知的不協和） 287
●「能力が低い人ほど自分を過大評価する」のはなぜか？（ダニング＝クルーガー効果） 295
●「自分が信じたいものだけを信じること」の落とし穴（確証バイアス） 305
●なぜ歳を取ると「新しいもの」を受け入れられなくなるのか？（現状維持バイアス） 315

巻末コラム キャバクラは行動経済学でできている 328

参考文献 330

# 第 1 章

# 誰もが相手を「都合よく動かしたい」と思っている

決定麻痺

# スムーズに上司の決裁をもらいたければ夕方を狙え

## 町中華は行動経済学のプロだった？

少し前にテレビ番組で、「メニューが多すぎる中華料理店」が取り上げられていました。

顧客からのリクエストに応えたり、好評だったものをレギュラー化したりするうちに、メニュー数は年々増え、今ではなんと400種類以上！　1年以上通わなければ制覇できないくらいですね。

一方で、このお店の看板メニューは「ちゃんぽん」と決まっており、創業時から人気の一皿だそうです。

大量のメニューの数々と、おすすめの看板メニュー。

これ、実は**行動経済学的にとても理にかなった戦略**です。

私たちは日常生活の中で、さまざまな条件を比較、検討しながら決断をしています。何かを選ぼうとするとき、選択肢が多すぎたりすると、「何を選べばいいいのかわからない」「とりあえず、何も選ばないでおこう（決断を先送りしよう）」という選択をしがちになります。

行動経済学では、**選択肢が多すぎることで、その選択を先送りにしたり、選択すること自体をやめてしまったりすることを「決定麻痺」**と呼びます。

ある研究によれば、人間は1日あたり最大3万5000回もの意思決定をしていると言います。

どんなルートで目的地に向かうか、いつどこで何を食べるかといった行動から、暇な時間に、ボーッとするか、スマホを見るか、景色を眺めるか、本を読むかという判断まで、自分や周囲の情報を整理、比較、検討し、ようやく決断にいきつくわけです。

この処理が毎日3万5000回も脳内で行われているのであれば、消耗してしまうのは当たり前ですよね。

体を動かし続けていると疲れてしまうのと同じように、決断を続けていると脳が疲労し、徐々に決断の質が低下していきます。

**決断することが多すぎて嫌になってしまう現象を「決断疲れ」と呼びます。**これは、「決定麻痺」の前段階として陥りがちな状態です。

商品やサービスを売る企業にとっては、**「決定麻痺」や「決断疲れ」を見越して、素早く、そして自分たちに有利な形で顧客に判断させる**ことが大切になってきます。

その一方で、顧客側が自分の意思で「選ぶ楽しみ」も消費活動では必要な要素です。

**「大量のメニューの中から選ぶ楽しみ」と「迷ったときに外さない定番のおすすめメニュー」の両輪がそろっている町中華のお店は、まさにその2つの要素を兼ね備えている**というわけです。

## 私たちは「選んでいる」のではなく「選ばされて」いる

コロンビア大学のシーナ・アイエンガー教授は著書『選択の科学』（文春文庫）の中で、アメリカの退職金積立（確定拠出年金・通称401k）に関する選択と決断の事例を紹介しています。

この制度は、退職後の生活費などをあらかじめ投資運用で準備するためのものです。勤務先の会社ごとに金融機関と提携して、さまざまな商品プラン（ファンド）を用意します。どれを選ぶかは、働く人が自分で自由に決めることができます。

このとき、**金融商品の選択肢が多くなるほど、制度の加入者が減る**ことが明らかになっています。

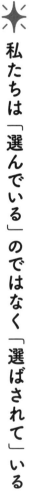

投資運用の選択肢の多さに圧倒されて加入の決断ができず、そのまま先送りして未加入のままという結果に終わっているのです。

また、多くの選択肢の中から選んだ人ほど、大きなリターンが期待しにくいプランを選んでいました。例えば、長期的に伸びそうな業界や会社の株式を探すのではなく、

## 401kの投資運用ファンドの数と加入率

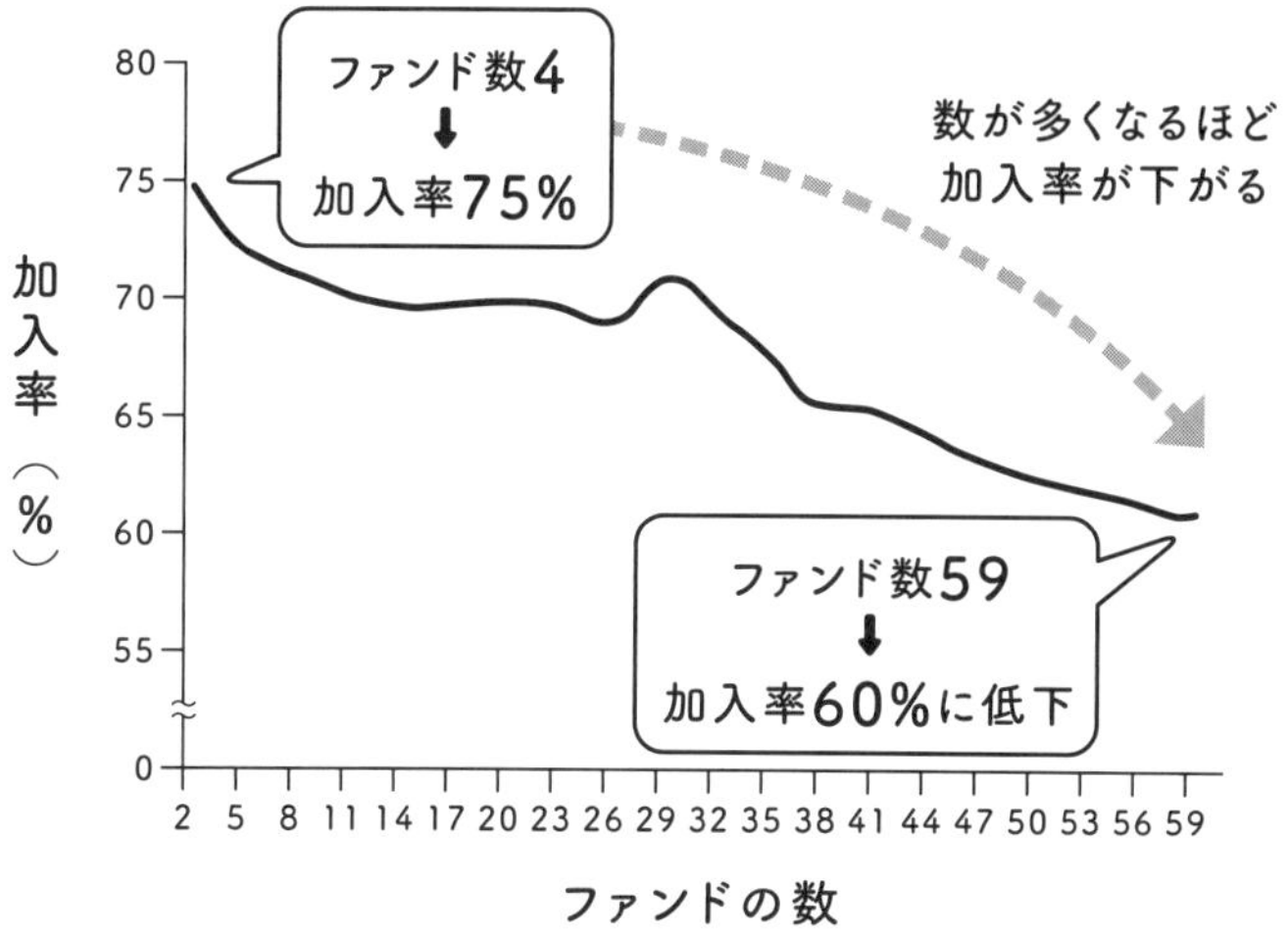


出所：『選択の科学』（シーナ・アイエンガー、文春文庫）より一部改変

すぐに思いつきやすい会社の株を買うといった行動です。

数多くの投資運用プランを見比べるうちに「決断疲れ」が起きたのでしょう。**決断そのものをやめてしまうか、よく考えずに答えを出してしまった**のです。

こうした現象は、結婚式や葬儀などの冠婚葬祭時にも起こりがちです。

基本プランの他に数多くのオプションが用意されており、「決断疲れ」に陥ってしまったところに、「一生に一度のお式ですから」「故人様のために」などの言葉に後押しされた結果、あまり必要のないオプションを付けてしまった……という話はよく聞きます。

あれこれ選べると、自分らしさを反映した豊かで価値のある買い物ができるというメリットもありますが、あまりに選ぶものが多いとすっかり疲れてしまい、売る側の「おすすめ」の思うつぼになっていることもある、というわけです。

**私たちは自分の意思でさまざまな決定をしているつもりですが、実は与えられた選択肢の中で「選ばされている」ことも多い**、ということですね。

アマゾンや楽天など、大手ショッピングサイトの**「おすすめ商品」も「決定麻痺」を巧みに利用**しています。

例えば、アマゾンで「ミネラルウォーター」を検索してみると、何百件もの商品がずらっと画面に並びます。事前に買う商品を決めていなかった場合、それぞれにどんな違いがあるのかを調べると思いますが、商品数が多すぎて早々に「考えるのが面倒くさい」「決められない」という「決断疲れ」状態になってしまいます。特に、急いで買わなければいけないなど、時間がない状況だと、なおさらでしょう。

その結果、たいがいは一番上の段に並んでいる商品の中から選んだり、「おすすめ」とか「ベストセラー」などのマークが付いているもの、コメントが多くて評価が高いものを選択したりします。

スーパーのチラシでは、冬の食材を売るために「鍋」のビジュアルと、用いる食材を並べているケースがあります。そこで見せる鍋を4種類程度に絞ることで、チラシを見た顧客は献立を考えやすくなり、スーパー側は鍋の食材を顧客に購入させやすくなるのです。

**私たち消費者は、自分で考えたり選んだりしようとすると「決定麻痺」で先送りをしたり、「決断疲れ」で時間がかかり、結局買わないといった結果になりがち**です。

こうした結果を避けるために企業は、売りたい商品をどのように「おすすめ」するか考えているのです。

商談などでクライアントに商品やサービスを提案する場合も、このテクニックをうまく使えば、相手をこちらの思惑どおりに誘導することができるかもしれません。

**【相手に決断させるコツ】**

- 多すぎない（3～5個程度の）選択肢から選べるようにする
- 選ばせたい「おすすめプラン」や「基本セット」などを他より目立つ形にして提示する

また、プラスαとして、「人気No．1」「お客様に一番選ばれています」といった補足情報を用意しておくと、「バンドワゴン効果」（116ページ）も働くので、顧客を誘導しやすくなるでしょう。

## 疲労と時間をコントロールするコツ

「決定麻痺」や「決断疲れ」に陥らず、満足度が高い買い物をするためにはどうすればよいでしょうか。そのために役立つアイディアをいくつか紹介します。

大きな方向性は2つです。

■「**決断疲れ」を防ぐコツを取り入れる➡基準や優先順位を決めておく**
■**決断するタイミングを見直す➡疲れている時間帯を避ける**

多数の選択肢やオプションがある場合、**自分が物を選ぶときの選択基準や優先順位を明確にしておくこと**が大切です。

例えば、旅行で宿泊先を選ぶ場合。あらかじめ「この宿がいい！」と決まっていればスムーズですが、そうでなければ、多くの候補の中から決めることになりますよね。予算の上限、最寄り駅や空港からの距離、洋室か和室か、アメニティの種類など、条件の中で外せないものの優先順位を付けておき、上からツリーのように選択していくと、スムーズに求めている情報にたどり着けます。

すべての条件をクリアする商品がない場合でも、**何を妥協し、どう方針転換するかを判断しやすくなる**でしょう。

ショッピングサイトで買い物をする場合なら、ただキーワードを並べるだけでなく、ソート（条件を絞り込み並べ変える）機能をうまく活用することもポイントです。

一方、麻痺したり疲れやすくなったりする最大の要因は「時間」です。

一日中決定を繰り返してきた**夜の時間帯は脳に疲労が溜まり、すでに「決断疲れ」になっている危険性が高い**と言えます。そんなときに何かを決めようとしても挫折したり、「決定麻痺」に陥りやすくなったりします。

「大切なことは朝、決断せよ」……なんて言うと、エリート向けのビジネス書みたいですが、行動経済学的にも的を射ているというわけです。

裁判所で判決が下されるときに、裁判官の「決断疲れ」が被告人の人生を左右することもある、という調査結果もあります。

イスラエルの裁判所で行われた、囚人の仮釈放審問と時間帯の調査によると、**仮釈放が認められやすいのは、朝イチ、昼休憩後、午後休憩後の3つの時間帯だった**そうです。

それ以外の時間帯は「決断疲れ」により、あまり考えずに済む判断（刑務所に入れたままにしておく）を選びやすくなる傾向が見られました（＊１）。

それほど、「決断疲れ」が私たちの選択に与える影響は大きいということです。

これをうまく利用すると、例えば、上司の決裁が必要だけど、粗探しや突っ込みはされたくない、とにかく承認のハンコだけ押してほしいという場合は、**上司が「決断疲れ」に陥っている可能性の高い夕方の時間帯に案件を持ち込めば、深く考えずにＯＫを出してもらえるかもしれません。**

同じように、社内の役員会議などで稟議を通す、商談先に提案をするという場合も、相手が「もう考えるのが面倒くさい」という状態になっているタイミングを狙えば、通る可能性が高くなるかもしれませんね。

商売の売り手側から考えると、消費者に余計な判断をさせずにどんどんモノを買わせたいなら、セールのスタートを夜中に設定するといい、ということですね。アマゾンプライムデーの開始が夜中の0時なのも、そういった理由からかもしれません。

実際、仕事などで疲れて帰ってきて、深夜にスマホでついポチッと買い物をしてしまった経験がある方は多いと思います（私もそうです）。

## 「選びたいこと」と「選ばなくていいこと」を決めておく

もう1つ付け加えると、**「自分にとって価値が低いことは最初から選択や判断の手間を省く」**というやり方もあります。アップルの創業者、故スティーブ・ジョブズ氏が同じ黒のタートルネックとジーンズを何十着も保有して、いちいち着るものを選ばなかったのは有名な話です。

これは、**自分にとってあまり価値がないことを選ぶ無駄を減らし、減らした分の時間や思考のリソースを、より価値があることに使えるようにする方法**です。

例えば、仕事の合間のランチタイムをどのように捉えるかは、考え方が分かれるのではないでしょうか。

ほとんどの職場では、お昼休みは1時間くらいでしょう。その1時間の中で、職場からの移動時間がかかるとしても、毎日いろいろなお店を探して、おいしいものを食べたいと考えるのか。それとも、近場で簡単に食べられるお店にして、ランチの内容より休息時間を確保することを優先するのか。

時間も思考も有限ですので、その中で**自分が「何を選ぶことに価値を感じるのか」を明確にし、より価値が高いものにリソースを使えるようにしておくと、自分にとってベストな選択と決断ができるようになる**と思います。

アンカリング効果

# 私たちの判断は「根拠のない基準」に左右されている

## 嫉妬の原因は基準のズレかもしれない

「同期が自分より先に出世してしまった」
「後輩がどんどん成績を伸ばして活躍している」

こんなとき、心がモヤモヤして妬ましい、腹立たしいという気持ちになってしまうことはないでしょうか。

そう思ってしまうとしたら、あなたは行動経済学で言う**「アンカリング効果」**にハマってしまっているかもしれません。

**「アンカリング効果」とは、「アンカー」**（＝船のいかり）**の位置によって、情報の判断がゆがめられてしまうこと**を言います。

いかりには、船をその位置で安定させる役割がありますが、人間の心理に働いた場合は「どこにいかりを下ろすか」によって、情報や事実の価値判断や予測が変わってしまうのです。

行動経済学の大家、アメリカのダニエル・カーネマン教授らによる有名な実験があります。

ひそかに仕掛けを施したルーレットを用意します。このルーレット、被験者からは０〜１００の数字のうちのどこかで無作為に止まるように見えますが、実際は「10」もしくは「65」のどちらかで止まるよう仕組まれています。

被験者は、そのルーレットを回してどちらかの数値を見せられたあとで、「国連加盟国に占めるアフリカ諸国の割合」を推定するよう求められます。

すると、ルーレットで「65」の数値を見せられたグループが答えた値の中央値（さまざまな答えがある中で、最大値と最小値のちょうど中央に来る値）が45だったのに対して、ルーレットで「10」の数値を見せられたグループの中央値は25だったのです（＊2）。

ルーレットの数字には何も意味がなく、そのあとの質問と何の関係もないことが明らかなのに、**質問の答えが直前に見たルーレットの数字に引きずられてしまった**わけですね。

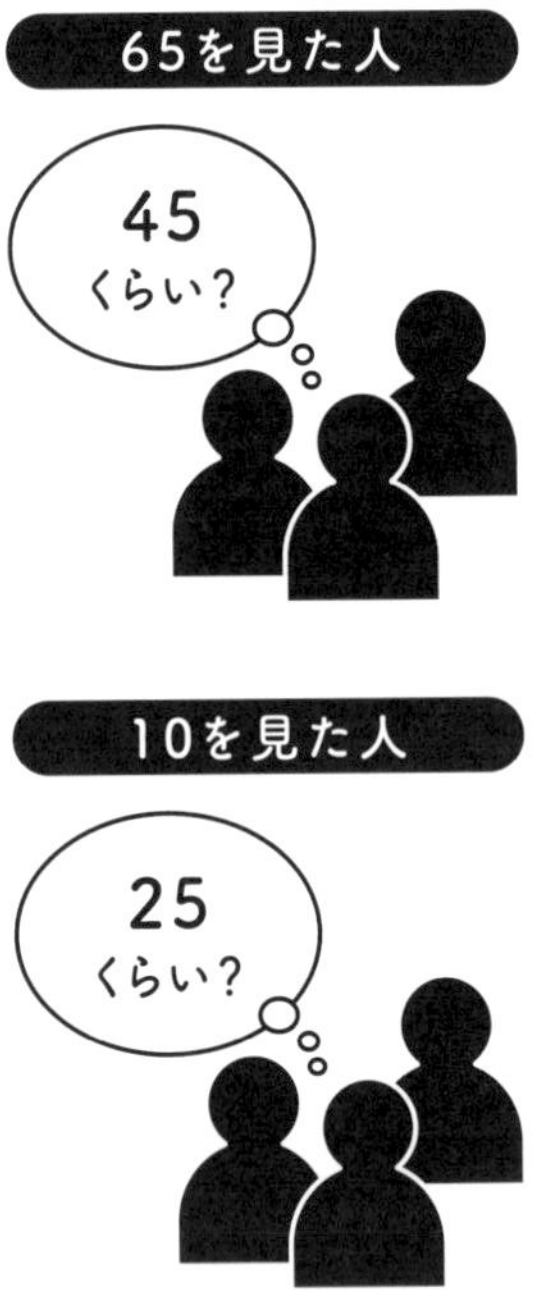


私たちは、知らず知らずのうちに、誰かと比較しながら自分の立ち位置を確認してしまうものです。

出世した同期や後輩に嫉妬してしまうのも、逆に自分より下だと感じている人に小さな優越感を覚えたりするのも、単にアンカーをどこに下ろしているか、という違いだけなのです。そして、**このアンカーの位置を間違えてしまうと、嫉妬の感情に苦しみ、自己肯定感を下げる**ことになってしまいます。

## テーマパークの待ち時間が「長め」の理由

こうした「アンカリング効果」は、ときに人生に大きな影響を及ぼします。

例えば、世間的に一流とされる学校出身の親は、自らがアンカーとなり、自分の子どもも同じレベルの学校に合格するのが当然と考えて行動しがちです。子どもはそれほど勉強が好きでなかったりするのに、塾に入れて無理に競争をさせたり、本人が望む進路を否定して高学歴路線に引き寄せようと説得する親もいるかもしれません。

上司が、自分よりも20歳以上も後輩の新入社員に、自分自身が新入社員だったころの基準や目標を強いるのも同じような現象です。当時と今では時代も状況もまったく違うはずなのに、**自らの体験にアンカーを下ろしてしまっているために、**

**誤った指導をしてしまう**こともあります。

一度生活レベルが上がると、なかなか元に戻せないという話も、高収入時に味わった生活レベルがアンカーとなってしまっているからです。

一方で、**最初に見た数字で印象が操られてしまうバイアスは、企業の戦術でもよく使われています。**

わかりやすいのは、東京ディズニーリゾートやＵＳＪなどの人気テーマパークで表示されている「待ち時間」。そこで表示されている値は大概、実際の待ち時間より長く設定されていると考えられます。

「120分待ち」と表示されていて待っていたら、実際は90分くらいだったというような経験、みなさんにもあるのではないでしょうか。

合理的に考えれば、「予測の基準がおかしいから、数値の算出方法を改善するべきだ」ということなのでしょうが、実際は「思っていたよりも早く回ってきてラッキー！」となることがほとんどでしょう。逆に、「120分待ち」表示だったのに3時間待たされたら、不満が噴出するに違いありません。


もっとベタな「アンカリング効果」は、商品の元の価格と値引きの関係です。

ジャパネットたかたなどに代表される通信販売番組で「通常価格14万円のところ、今だけ9万9000円！」などのように、値引き前の価格を何度も強調するのは、**最初に見せられた価格にアンカーが下ろされるため、値引き価格を安いと感じるから**です。実際はそれほど安くなかったとしても。

また、車や家電製品などで、フルオプションの高い価格を見せられたあと、標準的な商品の価格を見ると、安く感じてしまうこともあります。

**「アンカリング効果」は時間とともに薄まる傾向があり、あくまで一時的なものにとどまることが多い**のですが、いずれにしても**アンカーの下ろされている数値が重要になってくる**ことは間違いありません。

## アンカーを他人ではなく自分に下ろす

本項の冒頭でお話したような嫉妬に苦しまないためには、「自分は自分、他人は他人」と割り切り、他人の行動や立ち位置を気にしないというのが根本的な対処方法です。しかし、これがなかなか難しいのもわかります。

ここまで見てきた「アンカリング効果」を応用すると、誰かに嫉妬心を抱かずに済むためには、**「アンカーを下ろす基準を変える」ことが解決策**になります。

仕事でもプライベートでも、優秀だと感じる同僚や後輩の実績、成功している（ように見える）友人にアンカーを下ろすのではなく、3年前、1年前の過去の自分を基準に考えてみる。

そうすると、「3年前はできなかったことが、今はできるようになっているな」「あのころと比べたら、余裕をもって商談の準備ができているな」など、自分にとってプラスとなる評価ができるようになるはずです。つまり、**「アンカーを自分の外ではなく自分の中に下ろす」**ということですね。

ただ、高すぎる、あるいは低すぎるところにアンカーを下ろしてしまうと、アンカーに届かないことで自信を失ったり、逆に何年経っても成長しない……ということになってしまうので、自分にとって「適正だ」と思える基準を見つけることも大事ですね。

コントロール幻想

# 「自由に選べないこと」は不幸の始まり

## 自分が観に行った試合は負ける？

スポーツ観戦で、「自分が観に行くと負ける、観に行かないと勝つ」と思ったことはないでしょうか？

あるいは、旅行などのイベントで「自分は晴れ男／晴れ女（雨男／雨女）だなぁ」と思ったことはありませんか？

そんなふうに思ったことがある人は、行動経済学で言う**「コントロール幻想」**に惑わされているかもしれません。

**「コントロール幻想」とは、実際には自分の力が及ばない事柄に対しても、**

**自分で制御でき、影響を与えられると思い込む心理状態のこと**です。

スポーツの勝敗も天気も、自分の力ではまったくコントロールできないものですよね。それを、「自分が影響を与えているのかも……」と、勘違いしてしまうというわけです。

会社などでも「コントロール幻想」が強くなりすぎて、自分やまわりに悪影響を及ぼすことがあります。

よくあるのは「自分でできる＝自分でしたほうがいい」と考えて自信過剰となり、他人に任せられなくなるパターンです。確かに仕事の場合、上司や先輩のほうが、経験の浅い後輩よりも「良い仕事」ができる場合も多いかもしれません。しかしそれではいつまでも後進の育成はできませんし、部下のモチベーションも上がりません。

**「自分でやったほうが早い」という人をよく見かけますが、それはまさに「コントロール幻想」にはまり込んだ状態だと言えます。**

この「コントロール幻想」に、想像以上に多くの人が支配され、自信過剰の状態に陥っているというデータがあります。ストックホルム大学のオラ・スヴェンソン教授は、アメリカとスウェーデンの学生161名に、「あなたの運転は、他人と比べて安全ですか?」という質問をしました。

最も安全な運転は100点、最も危険な運転は0点、平均は50点として、自分は何点だと思うか回答を求めたのです。

この結果、アメリカの学生の88%、スウェーデンの学生の77%もの人が「自分の運転技術は上位50%に入っている」と答えました(*3)。どちらの国の学生も、**「自分は他人より安全に運転できる」と考える人が大半だった**のです。自動車をうまくコントロールできるという自信を過剰に持っていると考えていいでしょう。

自信を持つのは悪いことではありませんが、「コントロール幻想」に強く影響された状態になると、他人からは自分勝手、自己中心的、スタンドプレーと見られ、疎まれたり孤立したりするので注意が必要です。

## 宝くじを「コントロール」しているという幻想

「コントロール幻想」を巧みに利用しているのが、いわゆる「ロト」のような自分で数字を選択するタイプの宝くじや、コインで削るスクラッチタイプの宝くじです。

あらかじめ決まった番号が書かれている一般的な宝くじを購入することと、ロトやスクラッチとの間に本質的な違いはありません。当選の期待値は同じですし、購入する側の技術や能力が介入する余地もありません。

しかし、自分で数字を選ぶ（あらかじめ決められた選択肢を選ばされるのではない）行為や、コインを取り出して自ら削る行為は、**あたかも自分で宝くじをコントロールしているかのような気になり、当たりやすくなるのではないかという幻想を抱きやすくなります。**

## 「コントロール幻想」をうまく使って人を育てる

このように、「コントロール幻想」には、人を勘違いさせるさまざまな影響力があります。これをうまく活用できると、ポジティブな影響を与えることもできます。

**自分が何かをコントロールしていると感じることが、精神や身体に実際にプラスの影響をもたらす**ことが実証されているのです。

ハーバード大学のエレン・ランガー教授らは、この心理を検証するために老人ホームで実験を行いました。

入居している高齢者を2つのグループに分け、一方のグループは、自分たちで自室の家具の配置などのインテリアや娯楽映画を観る曜日などを決めるようにしました。もう一方は、すべて老人ホーム側が決めることにしました。つまり、このグループの高齢者は自分たちでは何も決めることができないわけです。

一定期間が過ぎたあと、双方のグループに質問をしたところ、**自分で選択したグループの高齢者は、他方よりも「自分が幸せで活動的だと感じる」**と答えました。また、**その高齢者たちは健康状態までも改善した**というのですから驚きです。しかも、この効果は一時のものに終わらず、1年半後まで持続したと言われます（＊4）。

これをうまく応用すると、部下の育成や子育てなどでも効果を発揮することができそうです。そのためにも、「コントロール幻想」が作用しやすくなる4つの要因を知っておきましょう。

**①選択機会＝自分で選ぶ（例・数字を選ぶ宝くじを買う）**
**②関与　＝入手などを自ら行う（例・当たると言われる店で宝くじを買う）**
**③親近性　＝自分に近い（例・海外のスポーツくじではなく国内のスポーツくじを買う）**

**④競争　＝自分でよく考えた（例・当たる傾向を分析して買う）**

この4つの要素に当てはまる状況があると、より自分で制御できている、自分が影響を及ぼしていると感じます。

部下や後輩を育て、仕事を任せるためには、相手の心理における「コントロール幻想」をうまく使うといいでしょう。**ただ指示するのではなく、「どうすればうまくいくだろう？」などと相手に問いかけ、相手が自主的に行動するように促すのです。**

**×「この資料を会議までに10部コピーしておいて」**

**○「次の会議でこの資料を使いたいんだけど、どんな形式で準備するのがいいと思う？」**

子どもにお手伝いをしてほしいのであれば、次のように問いかけてみると効果的だと思います。

**×「ごみ捨てをやってちょうだい」**

**○「ごみ捨てとお風呂掃除なら、どっちがやりたい？」**

**こちらが決めるのではなく、自分で選ばせる、考えさせる方向に導いてあげるといいでしょう。**

こうすれば、部下や子どもは、「自分で自分をコントロールしている」という意思を持ったまま、仕事やお手伝いができるようになる、というわけです。実際は上司や親がコントロールしていたとしても。

## ✦自分だけで「コントロールできるもの」を大事にする

また、自分自身で「コントロール幻想」をうまく活用する方法もあります。私たちは自分でコントロールできることに幸せを感じるので、それができない状況になると、行き詰まってしまいます。そうならないためには、**自ら「コントロールできることを重視する」という発想を持つことが大切**です。

例えば営業の仕事では、行動の結果が必ず成果に結びつくとは限りませんよね。でも、「月間◯◯件を獲得する」といった「結果」はコントロールできなくても、「月に□□件、アポ取りの電話をする、訪問する」といった「自分の行動」はコントロールが可能です。**自分が努力すればできることをまずやってみて、あとは結果を待つという姿勢はメンタルの維持に有効**です。

また仕事がつまらない、つらいなどの不満を抱えている場合は、モヤモヤの解決策として、副業や趣味など自分でコントロールができる場を持っておくのもいいと思います。

禅僧の南直哉さんは、ベストセラーとなった著書『新版　禅僧が教える心がラクになる生き方』（アスコム）の中で、「置かれた場所で咲けなくていい」とおっしゃっています。

「置かれた場所」が、自分にとってつらい場所であれば、他の場所に移ればいい。無理をして「置かれた場所で咲かなければ」と自分を追いつめる必要はないという言葉なのですが、これも一種の「コントロール幻想」と言えるのではないかと思います。

自分ではコントロールできないものに対して、「これしかない」と思い込んでしまうと心がすり減ってしまいます。そうではなく、**自分でコントロールできる場所に身を置くこと、息抜きができる、自分で選んだサードプレイスのような場所を持っておくことが大切**だと思います。

ザイオンス効果

# 「月1で3カ月」より「3日連続」のほうが好意につながる理由

## 「よく見るもの」が気になるのはなぜか

熊本県のPRマスコットキャラクター「くまモン」を一度も見たことがないという人は、ほとんどいないのではないでしょうか。

くまモンのイラストがパッケージにプリントされた野菜やお菓子、ぬいぐるみから服飾雑貨まで、たくさんの商品が販売されています。この「いろいろなところで何度も見たことがある」と思わせる戦略も行動経済学の理論を活用したものです。

**同じ人や物などに接する回数が増えれば増えるほど、その対象に対する好意度や印象度が上がる、という心理効果があります。**行動経済学では、

**それを「ザイオンス効果」、または「単純接触効果」と呼んでいます。**

営業などで新規開拓をしたい顧客に対して、あえて「あいさつだけでも……」とか「近くまで来たので……」などと口実をつくり、顧客と接する回数を増やそうとすることがあります。これにより相手の好意を得やすくなるのは「ザイオンス効果」が働くためです。

接触回数が増えるほど、
親しみやすくなり
「好意度」が高まる

くまモンの知的財産権は熊本県が保有していますが、使用許可さえ得られれば、商用でも無料でくまモンを利用できます。

くまモンが県内外を問わずさまざまなところで使用され、一般の人々と接触する回数が増えていくことで、「ザイオンス効果」により好意度が高まります。これが本来の目的である熊本県のPRにつながっているのです。

他の自治体にもいわゆる「ご当地キャラクター」はたくさんいます。しかし、くまモン以外でパッと思い浮かぶ、名前や都道府県名がすぐにわかる人気キャラクターは、はたしてどのくらいいるでしょうか？

それほど、くまモン＝熊本県という知名度と好意度は、日本全国の中でも圧倒的なのです。

「ザイオンス効果」の名称は、この効果を研究し、1968年に論文にまとめたアメリカの社会心理学者、ロバート・ザイオンスから来ています。

ザイオンスによる有名な実験があります。

見知らぬ他人の写真を2秒間ずつ何度か見せ、見せる回数によって「好意度」がどの程度変わるかを調べたところ、**短時間であっても見た回数が増えるほど好意度が高くなる**ことがわかったのです。

ただ、これだけでは写真の人物が「自分の好みのタイプか否か」によって、反応が

## ザイオンス効果

**実験** 意味のない漢字を2秒間ずつ何度か見せ、見せる回数によって「好意度」がどの程度変わるかを調べた。

実験に使われた漢字のような形

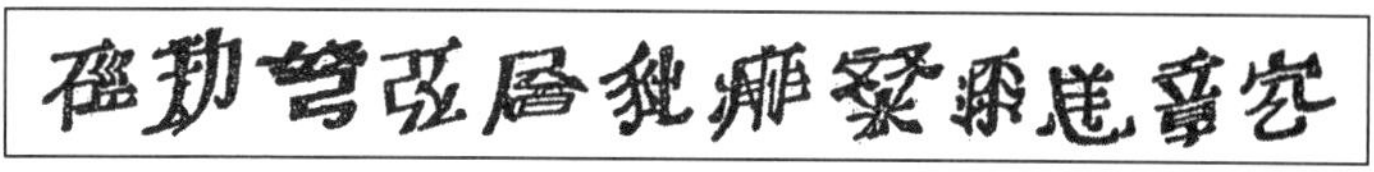

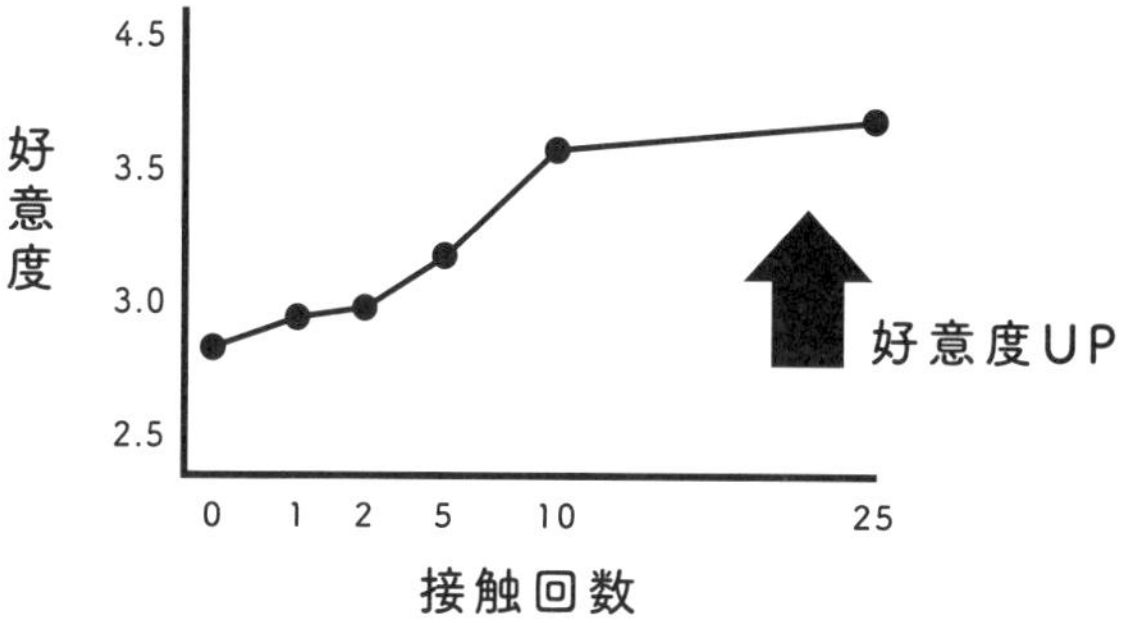


分かれてしまう可能性もあります。

そこでザイオンスは、今度は意味のない「漢字のような形」を使って同じ実験をしました。日本人の私たちにとっては、漢字は「意味のない形」ではありませんが、ザイオンスをはじめ漢字文化圏以外で育った人たちにとっては、「何を表しているかわからない文字」です。

その結果、**実験の被験者にとっては意味がない「漢字のような形」の場**

**合でも、見た回数が増えれば増えるほど、その「形」に対する「好意度」は高まることがわかった**のです（＊5）。

## 五感に刷り込まれることで好きになる

接触回数が増えるほど好意度が増すという「ザイオンス効果」の原則を利用しているのが広告です。

広告の露出を増やし、消費者と接触する回数を増やせば増やすほど、好意度は増加していくことになります。

広告業界には**「セブンヒッツ理論」**と呼ばれる法則があります。**消費者がCMに7回接触すると、その商品やサービスに対する認知度が向上し、購入率が高くなる**とされています。

もちろん、一人の消費者がテレビを見ている時間は限られているので、かなりの回数CMを流す必要があります。さらに最近はテレビを見ながらスマホを眺めたり、パソコンをいじったりする人も多いので、注目を集めるようなクリエイティブ上の工夫も必要です。

目で見てもらえなくとも、聞いてもらうことで意識してもらう方法もあります。

その1つが、テレビCMなどの**「サウンドロゴ」**です。

CMの最後に1～3秒くらいの長さで、企業や商品名、キャッチコピーなどをメロディーに乗せて流す音楽のことで、例えば「お、ねだん以上。ニトリ!」(ニトリ)、「あなたと、コンビに、ファミリーマート」(ファミリーマート)、「インテル入ってる」(Intel)など。どれも聞いたことがあるのではないかと思います。

1つの企業が行うCMは通常、商品ごとに異なるため、さまざまなパターンがあります。しかし「サウンドロゴ」は共通してCMの最初や最後に入っているので、消費者は何度も耳にすることになります。テレビ以外にネットの動画や音声の広告で聞かせる、店頭のBGMとして聞かせるといった方法もあります。

このように**「ザイオンス効果」を有効に活用して、企業や商品に対する好意度を高めている**わけです。

院長の顔写真付き看板で関東圏ではおなじみの「きぬた歯科」も同じ戦略を取っていると思われます。

きぬた歯科は、東京都八王子市の歯科医院ですが、看板は北は栃木県から南は三重県まで、なんと300枚以上も設置されているそうです。そのためか、都外から訪れる患者さんも多いようです。看板を「よく見る」ことで、好意度を上げることに成功していると言えるでしょう。

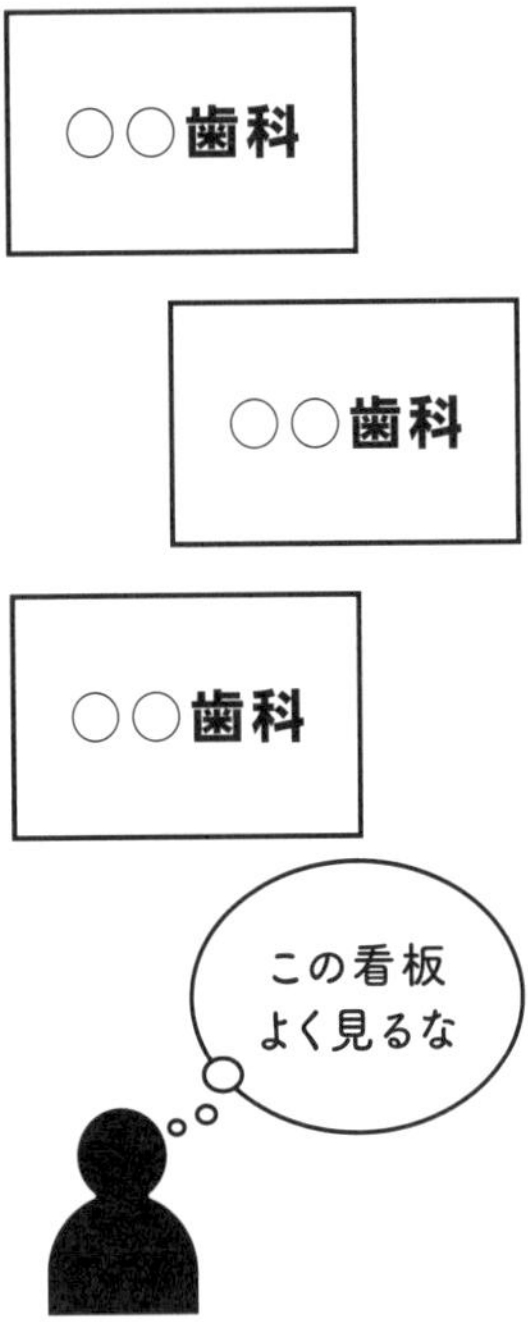


他にも、容姿も実力も同じくらいのアイドルタレントなら、**接触度が高いほうが人気者になる**可能性が高くなります。会うことのできない高嶺の花のようなアイ

ドルよりも、直接会えて握手ができるアイドルに親近感を覚えるものですよね。

さらにそこでは「利用可能性ヒューリスティック（印象に強く残っている事柄を優先して考える心理）」（278ページ）も働きます。メディアを通して見ているだけでなく、実際にそのタレントに会うことで強い印象が残るため、誰を「推し」にするかを考えたときには、真っ先に思い出します。アイドルの人気の裏側には、こうした心理効果も働いています。

「ザイオンス効果」は何度も見聞きすることで好意度が高まるものですが、その効果は視覚、聴覚だけに限りません。味覚、嗅覚などにおいても同様の働きがあります。何度も食べた味、何度も嗅いだ香りなどに対して好意度が高まることがあるのです。

典型例としては、いわゆる「おふくろの味」です。

子どものころに母親がつくってくれた、大好物の料理が忘れられないという人は多いのではないでしょうか。**同じメニューを繰り返し食べていると、それが好物になっていきます。**その結果、「おふくろの味」は、いくつになっても大好きな味として心に残っているのです。

味噌汁やカレーなど何気ない料理でも、家ごとに少しずつ違いがあるものですよね。「やっぱりウチの味が一番」と思う裏側にも「ザイオンス効果」が存在しているのです。

## 接触を好意につなげるコツ

「ザイオンス効果」を利用して好意度を上げることができるならば、好きな相手との恋愛もうまくいくのでは、と思うかもしれません。

確かに人間の心理をふまえたアプローチは有効です。しかし注意すべきこともあります。ここでは「ザイオンス効果」に関する注意点を3つ紹介しましょう。

### ■その1 「ザイオンス効果」は無限ではなくピークが存在する

実際に、何度もしつこく会おうとしたばかりに逆に嫌われてしまう……なんてことがありますよね。

ピークが何回目に来るのかは、好意度を抱く本人や対象によって異なるので、正確な回数を定めることはできませんが、とにかく「限界がある」ということを理解しながら接触を繰り返すべきです。

ネット広告、メールなどで繰り返し送られてくる売り込みのメッセージを思い出してください。同じ業者から何度もＰＲメールが送られてきて、ウンザリしている人も多いのではないでしょうか。

このようなメールは、多くの人に同じ文章が機械的に送信されたものです。受け取る人のことを考えていないので、「ザイオンス効果」を理解していないのでしょう。

**「接触が多すぎると相手をうんざりさせる」という例**ですね。

つまり、「ザイオンス効果」を活用する場合は、「押しの一手」ではなく、頻度についてもよく考えたほうがいいでしょう。

## ■その２　第一印象が良くない場合には効果を発揮しにくくなる

初対面の出会いで悪い印象を与えてしまった場合、単純に何度も会うだけで挽回するのは難しいかもしれません。

恋愛をテーマにしたコミックなどでは、最悪の出会いをした２人がめでたくカップ

ルになるケースがあります。しかし、これはあくまでフィクションの世界のこと、現実には難しいと心得ておきましょう。

■その3　間を空けすぎてはいけない

人間は「忘れる」生き物ですので、複数回の出来事が一連のものと認識されないと効果は生まれません。

昔、上司から「常連の店をつくりたければ3日連続で通え」と言われたことがあります。1カ月に一度を3カ月続けるよりも、3日連続で通うほうが相手の印象に強く残りますよね。

覚えてもらうまでは、短期間で接触を

増やすといいでしょう。

以上のような注意点に加えて、もう1つ付け加えるならば、「単に接触機会を増やす」だけでなく、**「相手に関わりを持たせる」**ことをおすすめします。

これは、「ザイオンス効果」と同時に「保有効果」（210ページ）や「イケア効果」（218ページ）を利用するためです。

それぞれの詳細は後ほど述べますが、「保有効果」は自分が所有するものを高く評価する心理です。また「イケア効果」は自分が手がけたものを高く評価する心理です。人は自分が関わったものに対して価値を、さらには愛着を感じるものなのです。

ですから恋愛を成就させたいならば、まずは単に会うことから始めて、徐々に（どんな小さなことでもいいので）一緒に同じ行動をする機会を持つといいでしょう。

例えば、共同で何かをつくる、同じ団体に所属して一緒に何かの役割をする、といったことです。**相手が関わった物事に対して愛着を感じ始めてくれたなら、そこからあなた自身に対する関心も高まる可能性があります。**

営業でも同じです。何度も訪問して話したり、お土産を渡したりするだけでなく、何らかの関わりを持ってもらうのです。

例えば、商談中に書類に記入するなどの作業をお願いする、複数案の中から1つ選んでもらい、その理由を教えてもらうなど、いろいろな方法があると思います。**受け身でなく「書く」「考える」などの行動で関わってもらうことで、相手が前向きな意識になる**可能性が生まれてきます。

苦手だけど、仕事で関わらないといけない人。なかなか話を聞いてくれない取引先。恋愛で仲良くなりたい、お付き合いしたいと思っている相手。ＰＲしたい新商品やサービス……。

そういったものに「ザイオンス効果」をうまく活用してみてください。

スポットライト効果

# 人たらしが使っている「相手を気持ちよくさせる」一番簡単な方法

## モテる友だちの秘密

学生時代、とてもモテる友人（Cくん）がいました。失礼ながら、外見がものすごくカッコいいというわけではないのに、男女問わずまわりから好かれる人気者でした。

彼の長所は、とにかく「細かいことによく気がつく」こと。

「髪型変えた？　すごく似合ってるね」
「その服、おしゃれで素敵だね」
「最近ちょっと元気ないよね？　何かあった？」

　このようなさりげなく相手を気遣うひと言があり、私も彼のことを信頼して、何度か相談に乗ってもらっていました。

「なぜそんなに気がつくの？」と聞いてみたところ、「最初は無意識でやっていたけれど、いろんな人が喜んでくれるので、意識してまわりの人を観察するようになった」とのこと。

　あとから知ったことですが、これは**行動経済学の「スポットライト効果」を応用したもの**だったのです。

## 他人が着ていた服を覚えている人はほとんどいない

**「自分は注目されている」という錯覚をしてしまう現象を「スポットライト効果」と言います。**例えば、ある人と会った際、自分が前回会ったときと同じ服を着ているかも、と気になってしまうようなケースです。

**「自分が気にしていること」に関して、他者も同じように気にしていると判断したり、自分が他者に与える影響を過大評価したりしてしまう**ということですね。

1999年、心理学者のトーマス・ギロビッチ教授は、「スポットライト効果」の影響を確かめる実験を行いました。

教室に集められた人々に、あるアンケートに答えてもらいます。その回答時間中、Tシャツを着た被験者が教室に入り、どの程度注目されるかを調べる、といった実験です。

被験者が着ているTシャツの胸には、有名だが当時の若者には「ダサい」と思われていた歌手バリー・マニロウの顔写真が大きくプリントされています。しばらくして、被験者は再び人々の前を通って教室から出て行きます。

その後、教室にいた人に被験者について聞いたところ、**Tシャツの顔写真に注目した人は全体の21%**でした。一方で、ダサいTシャツを着た被験者側は、**自分が46%の人に注目されたと感じた**と答えたのです（＊6）。

この実験にはさらに、被験者と教室にいた人々の全体の様子を見届ける観察者もいました。その人に、被験者のTシャツに注目した人がどの程度いたかを尋ねたところ、推定値は22%、つまり教室にいた人の回答（21%）とほぼ同じでした。

この実験から導き出されるのは、**「自分が注目されていると感じる割合は、客観的な事実の2倍以上」である**こと。

言い方を変えれば、自分が考えているより半分も、他人は自分のことを気にしていないということです。

## 「あなたは特別ですよ」と思わせることで相手を操る

この事実を知って、がっかりする人もいれば、ホッとする人もいるかもしれません。「最近生え際の薄さが気になってきた」「髪を切ったばかりだけど、みんな気づいてくれるかな」「ニキビが目立つ場所にできてはずかしい」など、いろいろなケースがありますが、実際のところ周囲の人は気づいていない、あるいは気づいたとしても関心がない可能性のほうが高いのです。

逆に、注目してほしい、ツッコんでほしい場合もあります。

ブランド品を身につけているとき、「それいいですね。〇〇ですよね」と言われたい。変な絵やメッセージが書かれたTシャツを着ているとき、誰かにいじってもらいたい。そのように思うこともあるでしょう。

しかし、あなたがそこにいることは認識していても、Tシャツやブランド品にはまったく注目していないといったケースも多いのです。

本項の冒頭で紹介したCくんは、**みんなが思っている「自分に注目してほしい」「気にかけてほしい」というポイントに気がついていた**わけです。**その欲求をさりげなく満たしてあげることで好感度を高めていた**のですね。

企業も、このような「スポットライト効果」を巧みに利用した販売戦略をとっています。

三越伊勢丹などの百貨店では、年間購入金額が大きい顧客限定の販売会や、お得意様専用ラウンジなどのＶＩＰサービスを充実させています。クレジットカードのアメリカン・エキスプレスのプラチナ・カードでは、高額な年会費を支払う代わりに、世界のラグジュアリーホテルやリゾート施設で「アーリーチェックイン」や「部屋のアップグレード」などができます。さらに「プライオリティ・パス」で各国の空港ラウンジを無料で使えるなど、さまざまな特別サービスを展開しています。

通常の販促活動でも、ダイレクトメールやメールマガジンなどで「特別なお客様だけのご案内」「会員様限定！　シークレットセール」などの文言を使って、顧客に興

味関心を持たせるように仕向けています。

投資詐欺などでよくある、「○○さんだけに特別にご紹介するのですが、実は高利回り、高配当の商品がありまして……」などという勧誘文句も同じです。

**相手にスポットライトを当てて、「あなたに注目していますよ」「あなたは特別ですよ」と思わせることで、消費を促しているのです。**実際は、その「特別な人」は他にも山ほどいるわけですが。

また、こうした「限られた顧客を特別扱いする」販売手法には、さらに多くの心理効果も絡んでいます。

### ■スノッブ効果…他人が持たない希少な物に対して価値を感じる心理

会員限定で販売される商品、限定発売のオリジナルデザイン商品などに魅力を感じることがありますよね。**人は他人が持っていないものを手に入れると、大きな喜びや満足を感じる**のです。

限られた顧客だけに提供されるサービスを受けると、この効果が働きます。顧客は、特別な待遇を受け続けたいと思い、上得意客になるわけです。

### ■ヴェブレン効果…高価な商品などを他人に見せびらかすことに魅力や価値を感じる心理

「スノッブ効果」との違いは、「ヴェブレン効果」は他人に対して自慢できることが重要な点です。

高価なブランド品などを手に入れた顧客は、そのことをまわりに言いたくなります。そうすることで、自己顕示欲求や虚栄心を満たそうとするのです。

## 注目されたい心理的バイアス

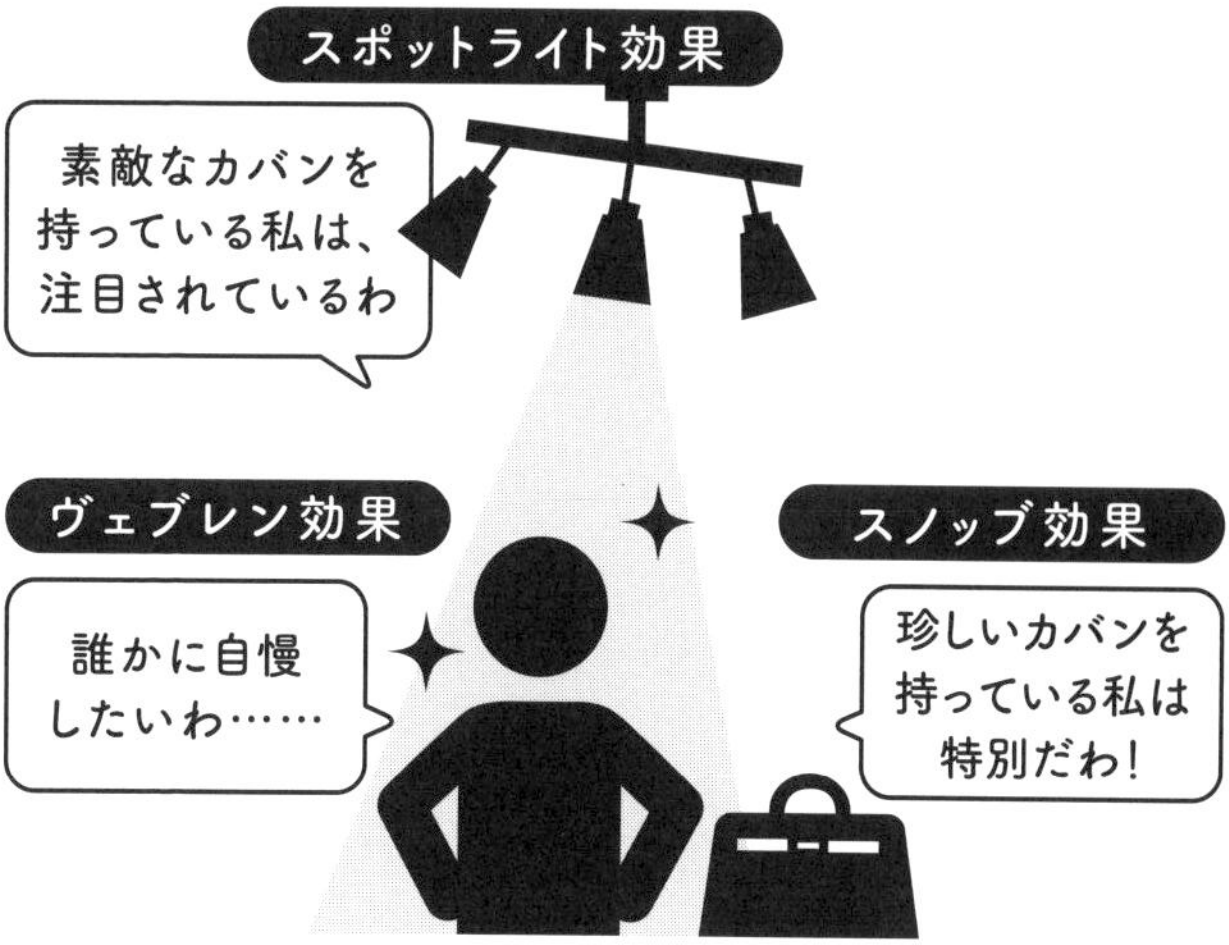


このように、注目されることで人は良い気分になります。

ところが、「注目されたいのに注目されない」という状況になると、まったく逆の効果が生まれます。**「自分の意見が採用されなかった」「正当な評価を受けなかった」と感じると、人は不満や怒りを感じる**のです。場合によってはトラブルを招いたりすることもあります。

例えば、購入した商品やサービスへのクレーム対応が丁寧でない（と感じた）ケース。顧客はさらに不満が大きくなり、怒りに火をつけられたようになってしまうこともあります。

あるいは、仕事などで会議に参加した際、自分の発言がスルーされてしまった場合、「せっかく発言したのに」と不満を感じてしまった経験がある人もいるのではないでしょうか。

就職や転職の面接試験でも同じです。

受験する側にとっては一度きりの大切な機会ですが、相手が自分のアピールや一挙手一投足をしっかり見てくれているとは限りません。面接官にとって受験者は、あくまでも候補者の一人にすぎないからです。自分の話に面接官が関心を持ち、深掘りしてくれるだろうといった思い込みは危険です。

試験に落ちてしまったときに「何がいけなかったんだろう」と思いつめすぎるのも、「自分は注目されていたはずだ」という勘違いの裏返しです。単にお互いの希望がミスマッチだっただけですので、人格が否定されたかのように深く落ち込んでしまうと、メンタルが保《も》ちません。**「スポットライト効果」による「自意識過剰」にも気をつけたい**ですね。

これらの状況で、不満、怒り、悲しみを感じてしまう原因は、自分自身や自分の意見が「注目されるべき価値を持っている」という思い込みです。そして、他人も自分と同じ感覚を持っているはずだ、と思ってしまうからです。

## 「スポットライト」で好感度を高める

注意すべきは、私たち自身が「自意識過剰な勘違い人間になりやすい」点です。

**「自分が重要だと思っていることが、他人にとっても同じように重要だとは限らない」ことは知っておくべき**でしょう。

そして、自分には「スポットライト」が当たっておらず、大して注目もされていないことも理解しておきたいですね。

これは、**他人の視線や動向を気にしすぎる人にとっては、少し肩の力を抜いてラクに生きてもいいという福音**にもなります。

俯瞰《ふかん》して考えると、世の中の多くの人が「スポットライト効果」のせいで、自分は本来、他人や世の中からより注目されるべきはずなのに、と不満を感じ続けているのかもしれません。こうした気持ちが世の中にまん延し常態化している、と捉えることもできます。

でも、自意識過剰による思い込みでネガティブな気持ちになってしまうのは、とてももったいないですよね。まずは自分のまわりだけでも、少しでもポジティブにしていく試みをしていきましょう。

簡単で効果抜群なのは、仕事場でも家庭でも、相手が何かしてくれたときに必ず感謝を伝えることです。

人は「してもらったこと」よりも「してあげたこと」を強く認識しているもの。ですので、**感謝を伝えることは「あなたの行動に注目していますよ」と示すサインにもなる**のです。ここで働く「スポットライト効果」には想像以上の影響力があります。

良い印象を与えたい相手や仲良くなりたい人に対しては、「スポットライト効果」を戦略的に活用するのもいいでしょう。

相手に注目していると示すことは、顧客獲得の営業や取引先との商談の場面など、仕事でも十分使えるテクニックになります。

**「今日のスーツ、すごく素敵ですね！」**

**「会議での△△についての発言、大変勉強になりました」**

**「○○さんが担当されるお仕事は、いつもやりやすいです」**

**「××さんに相談したいことがあるのですが……」**

やりすぎるとわざとらしさが出てしまうので、そこだけは注意してください。

**相手にうまくスポットライトを当てれば、細かいところによく気がつく、気遣いができる人という評価を受けられて、好感度を高めることができる**でしょう。

これは誰もが持っている満たされない欲求を満たすという、非常に理にかなった方法なのです。

ピーク・エンド効果

# 物事の評価を左右するのは「転」と「結」である

## 「終わり良ければすべて良し」は行動経済学だった

あなたが、「ちょっと気になる人」とデートをしたとしましょう。帰り際、彼（あるいは彼女）から次のように言われました。どちらのほうが印象が良いでしょうか？

**「今日は楽しかったけど、たくさん歩きまわって疲れたね」**
**「今日はたくさん歩きまわって疲れたけど、楽しかったね」**

あるいは旅行に出かけたとき、次の2つの状況なら、どちらのほうが旅行の印象が良いでしょうか？

■前半はきれいな景色やおいしい食事を満喫できて楽しかったのに、途中で体調を崩してしまい後半はホテルで寝ていた。
■前半は体調が優れずに出かけられなかったが、後半はきれいな景色やおいしい食事を満喫できて楽しかった。

デートも旅行も、後者のほうが良い印象を持てるのではないでしょうか。
これには、行動経済学の「ピーク・エンド効果」という心理が関係しています。

## 評価は「ピーク」と「終わり方」で決まる

**自分の経験を「ピーク（絶頂）時」にどうだったかと、どのような「終わり方（エンド）」だったかだけで判断する傾向を、行動経済学では「ピーク・エンド効果」と呼んでいます。**

この2つだけで一連の出来事や体験の印象が決まり、その他の記憶は薄れてしまいます。「ピーク時」と「終わり方」さえ良ければ、その他は大したことがなくても、あるいは若干悪い印象でも、全体的には良かったと思えるのです。

前出の著名な行動経済学者ダニエル・カーネマンによる実験を紹介しましょう。カーネマンは、2つの調査対象グループにそれぞれ異なるパターンの騒音を聞かせ、終了後に不快感を尋ねました。

**A　大音量の不快な騒音を8秒間聞かせる**

**B　大音量の不快な騒音を8秒間聞かせたあと、多少ましな騒音を8秒間聞かせる**

すると、Bグループのほうがトータルでは騒音を聞く時間が長かったにもかかわらず、Aグループのほうが不快感が高いという結果となったのです（＊7）。

つまり、Bグループは「最後の8秒間」の不快感が小さかったため、Aグループよりはマシな印象を持った、ということです。ちょっと意外ですよね。

## ピークとエンドの数分間が待ち時間の記憶を打ち消す

シェイクスピアの戯曲のタイトルにもありますが、世界中で言われている「終わり良ければすべて良し」は、まさに「ピーク・エンド効果」です。**私たちは知らないうちに、いろいろな場面で「ピーク・エンド効果」の影響を受けています。**

映画やドラマ、小説や漫画などでは、最も盛り上がるシーンとラストシーンの2つが特に印象に残っているものですよね。逆に、途中までのストーリーが感動的であったとしても、起承転結の「転（ピーク）」「結（エンド）」に納得がいかないと、「ちょっと微妙な作品だったな」と思ったりもします。

行列のできるラーメン店などに繰り返し行ってしまうのも、「ピーク・エンド効果」の影響です。

後々思い出すのはピーク（待ちに待ったラーメンの最初の一口を食べる瞬間）と、

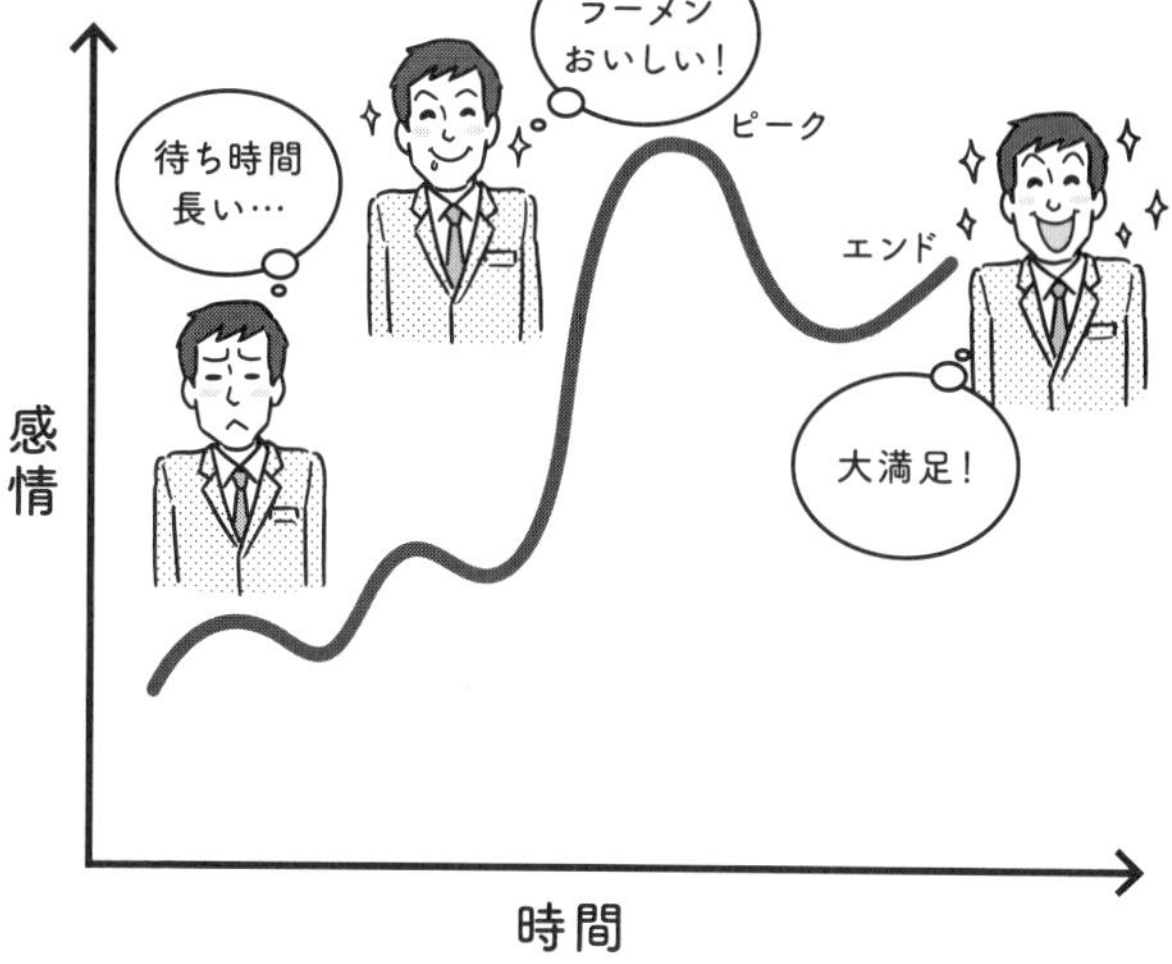


エンド（食べ終わって満腹感と満足感に浸っている時間）です。長時間待たされたことなどすっかり忘れて、結果的に良い体験だったという記憶が残るため、懲りずにまた行列に並ぶのです。

「アンカリング効果」の例として、「待ち時間」を実際にかかる時間よりも長めに表示しているテーマパークの例（34ページ）を紹介しました。「ピーク・エンド効果」の観点では、待ちに待ったアトラクションの面白さが印象を左右します。

1時間待っても2時間待っても、一連の出来事の印象は、アトラクションが始まった瞬間からクライマックスまでの出来栄え

## ポイントのほうがピークが長く持続する

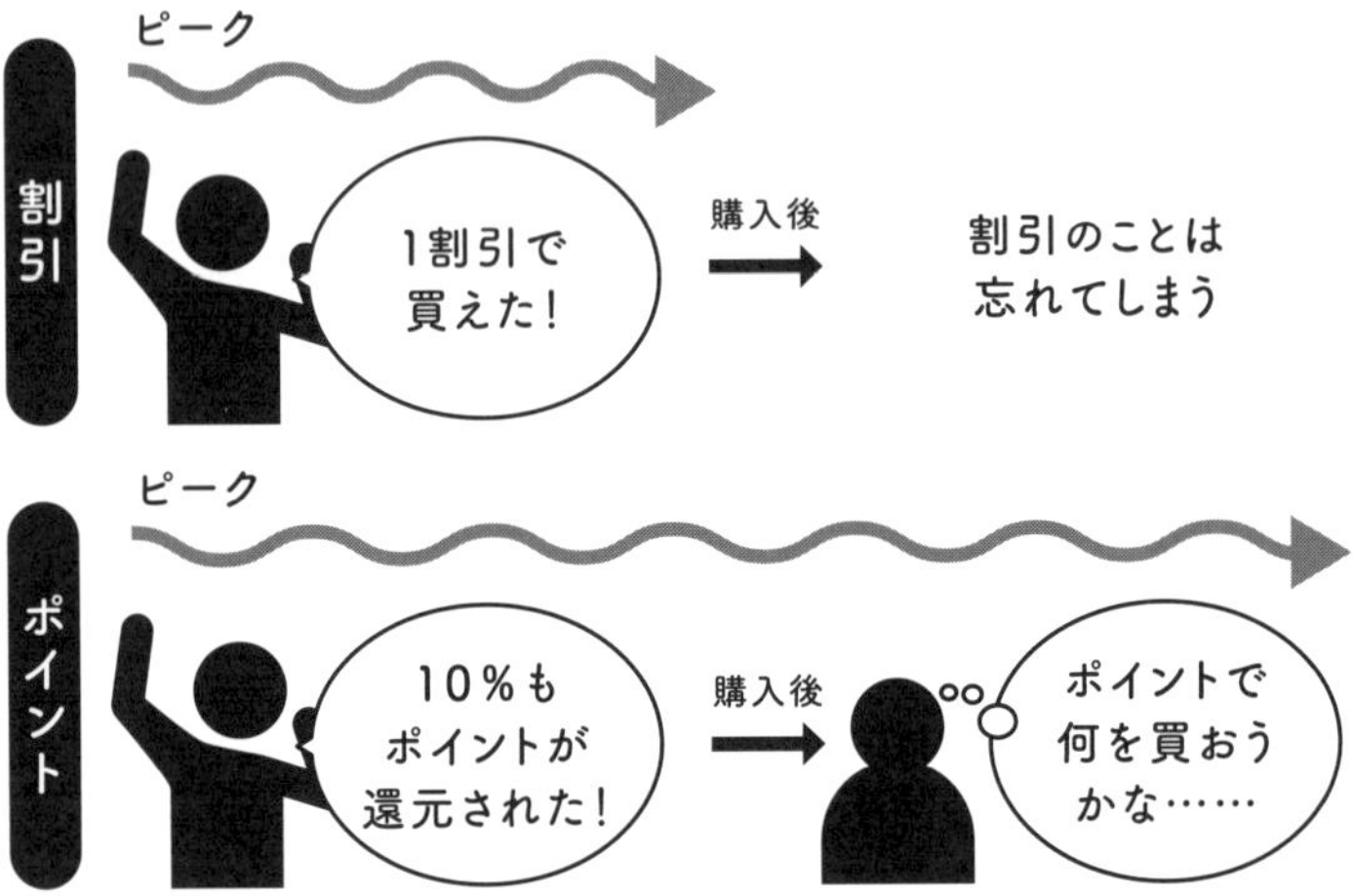


や面白さによって決まります。「あー楽しかった！」と思って終われれば、長時間並んでいたときのネガティブな感情は、記憶から消えてしまうわけです。

買い物でも「ピーク・エンド効果」の影響が見られます。実際に得する金額が同じだとしても、**シンプルな割引よりもポイント還元のほうが満足度は高くなる**のです。

割引の場合、お得感を覚えるのは買った瞬間（ピーク）だけで、購入後は割引いてもらったことさえ忘れてしまったりします。

ポイント還元の場合、**まず買うと同**

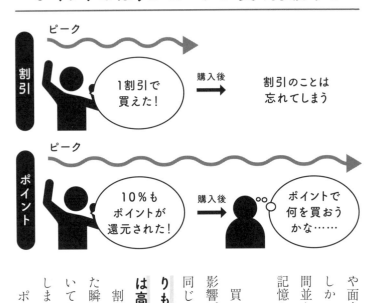

**時にポイントが手に入り一度ピークを迎えますが、そのあとも手元にあるポイントで何を買おうか、あれこれ考える楽しい時間が続きます。**

最終的にポイントを使って割安で買い物をするところまで、エンドの満足感が継続するのです。ポイント還元は施策として人気がありますが、その理由の1つは「ピーク・エンド効果」だと考えられます。

## わざと「終わり方」を盛り上げて演出するテクニック

「ピーク・エンド効果」は、日常生活や仕事でも応用することができます。

取引先などへのプレゼンの際、よく「最初に相手の心をつかむための〝つかみ〟が大事だ」という話を聞きますよね。

もちろんそれは間違いではありません。ただし、人の印象に最も残るのはピークとエンドだということをふまえると、**どこに一番の盛り上がりを持ってくるか、そしてどのように話を終わらせるか、を意識してプレゼンの流れを組み立てるのが有効な方法だと言えるでしょう。**

また、上司に良い話と悪い話の両方を報告しなければいけない場合は、**悪い話→良い話という順番で話をすると、上司の頭に残る印象は良くなる**はずです。

このような話の順番は、ビジネスだけに限りません。夫婦間やパートナー同士の会話、子どもへの話し方など、さまざまな場面で使える方法です。

誰かに何かを伝えるときは、ピークとエンドを意識すると、良い効果が得られると思います。

参照点依存性

# 高額な「おねだり」を成功させるコツ

## 不良が「ちょっといいこと」をすると好感度が上がるのはなぜか

「普段から真面目でやさしい性格のAくんが、道に迷っていたお年寄りを交番に連れて行った」

「普段は乱暴で怒りっぽい性格のBくんが、道に迷っていたお年寄りを交番に連れて行った」

この場合、どちらのほうが好感度が上がるでしょうか？

おそらく、Bくんと答える人が多いのではないかと思います。

「普段は乱暴で怒りっぽい」という低い評価を受けている人が、お年寄りを助けてあげるという良い行動をしたことで、そのギャップによる驚きが、好感度アップにつながるわけです。

よく言われる「不良が少しでもいいことをすると褒められる」と同じですが、この現象の中にも行動経済学が隠れています。

## どこに「基準」を置くかで評価は変わる

ここでご説明するのは、「参照点依存性」と呼ばれる心理的バイアスです。

**「参照点依存性」とは、物事の価値を「絶対的な評価」に基づいて測るのではなく、無意識に決めた「ある特定の基準（参照点）」との比較で、相対的に測ろうとする心理**です。

例えば、コップに半分だけ水が入っている場合、空の状態を参照点とすると、コップ半分の水は「多い」と感じられますが、満杯の状態を参照点とすると、「少ない」と感じられます。

先ほどのAくんとBくんで言うと、Aくんは「真面目でやさしい」ところに参照点がありますが、Bくんは「乱暴で怒りっぽい」ところに参照点があるため、同じ良いことをしてもBくんのほうが好感度アップにつながりやすい、ということです。

つまり、**「お年寄りを助けた」という行為をどう評価するかは、2人の人物評価における参照点によって変わる**のです。

この「参照点」には強い影響力があり、さまざまな評価の基準になっています。

ダニエル・カーネマンの著書『ファスト&スロー』(早川書房)では、次のように「参照点」が解説されています。

Cさんの今の持ち金は100万円で、Dさんの今の持ち金は400万円です。

2人にギャンブルの提案をします。勝てば持ち金は400万円に、負ければ100万円になります。ギャンブルをしなければ持ち金は200万円になります。勝ち負けの確率は50％です。

ギャンブルをした場合の期待値（確率的に得られる値の平均値）を考えてみます。50％の確率で100万円、50％の確率で400万円ですから、確率的な期待値は100万円×50％＋400万円×50％＝250万円になります。

ギャンブルをしない場合には持ち金が200万円になってしまいますので、CさんもDさんもギャンブルするほうが、確率的には得になります。合理的に考えれば2人とも「ギャンブルをする」べきなのです。

ところが、2人は異なる選択をします。

まず今の持ち金100万円のCさんは、ギャンブルをしなくても確実に持ち金が2倍に増えます。欲を出して負ければ持ち金は今のままですから、よほどのギャンブル好きでなければ、やらないでしょう。

# 参照点依存性

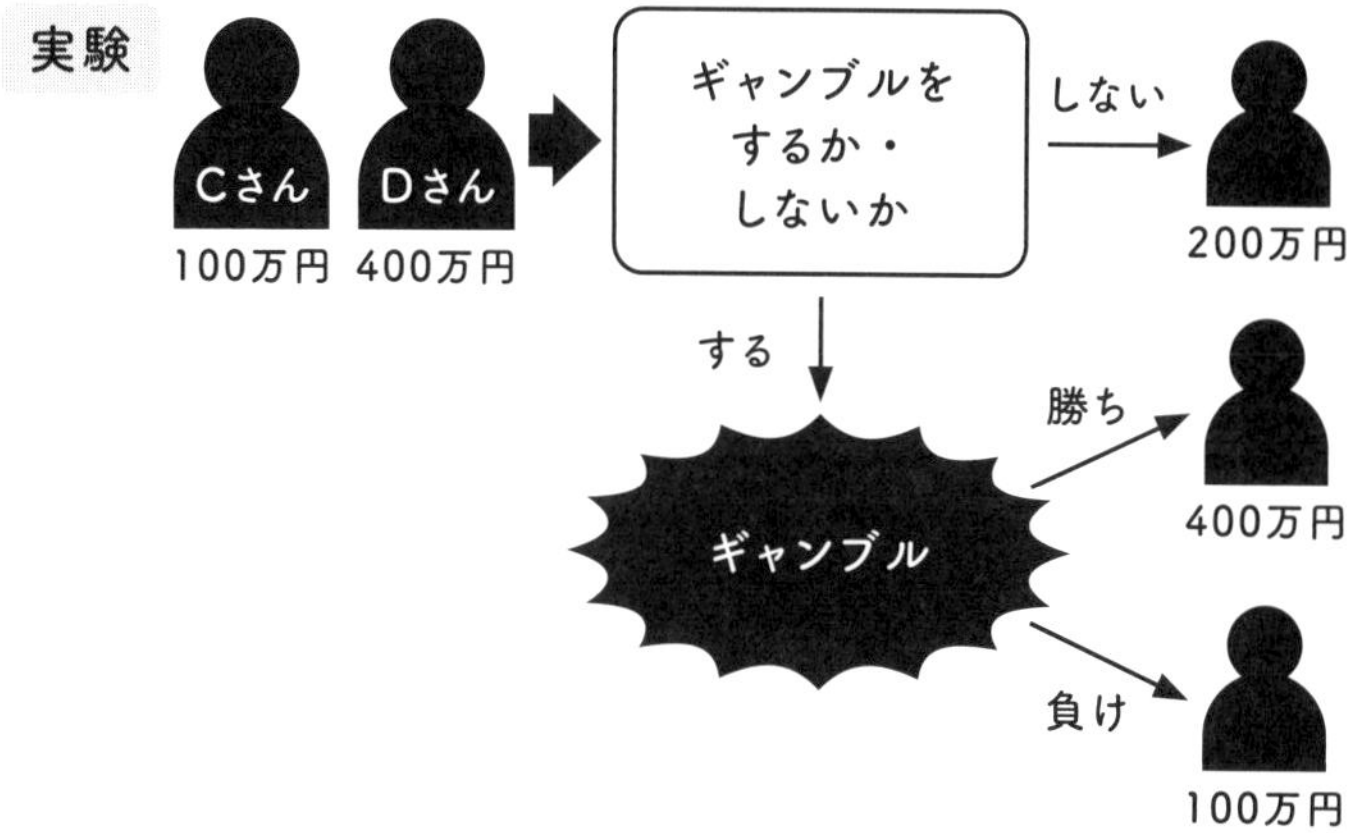


ギャンブルの期待値＝100万円×50％＋400万円×50％
＝250万円

➡ ギャンブルをしなければ自動的に200万円になってしまうため、ギャンブルを**したほうが確率的には得**をする

●もしギャンブルをしなければ……

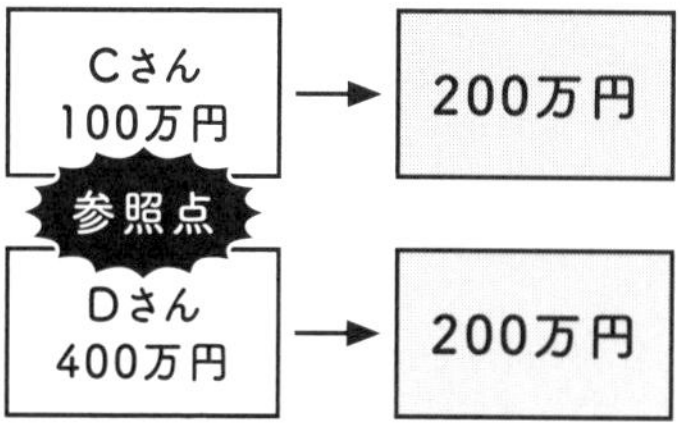


に**増える**ので、ギャンブルをする可能性は**低い**

に**減る**ので、ギャンブルをする可能性は**高い**

参照点がギャンブルをするかどうかの行動に影響を与える

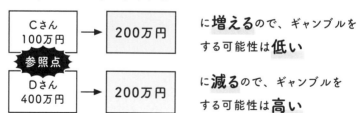

今の持ち金400万円のDさんは、ギャンブルを選ばないと確実に持ち金が半分に減ってしまいます。ギャンブルをすれば50％の確率で現状を維持できます。したがって、ギャンブルをする確率はCさんより高くなるでしょう。

つまり、**「元の持ち金」という「参照点」に影響を受けることによって、判断が変わってしまう**のです。

## 「年収600万円」は高いのか低いのか

参照点は感覚的なものであり、お金だけでなくさまざまな場面で影響します。単純な例で言うと、冬と夏のエアコンの「室温20度」の違いです。冬の低い気温を参照点にすれば20度は暖かく感じますが、夏の気温が参照点ならば、同じ20度でも涼しく感じるでしょう。

数字上は同じ室温のはずなのに、参照点である季節や外気温によって受ける印象が変わるのです。

「参照点依存性」の心理はさまざまな場面で活用されています。

最も古典的な方法は、**「値引き前の価格と値引き後の価格の併記」**です。

値引き前の価格に取り消し線が引かれていて、値引き後の価格は赤字で大きく書かれているものです。例えば、1000円に取り消し線があり、800円になっていると、参照点は1000円ですので、800円が安く感じます。一方、値引き前の価格が書かれていなければ、参照点はないので、特別にお買い得とは感じません。

1000円という参照点があることで、**「その商品に800円の価値があるかどうか」ではなく「安いから」という理由で買ってしまったりするわけです。**

年収500万円だった給料が、今年600万円に上がったとします。とても嬉しいですよね。それは、年収500万円という参照点で今年の年収を判断するからです。

ところが、ひょんなことから同じ部署の同期が年収700万円だと知ってしまったとしましょう。喜びはかなり減ってしまい、逆に憤りを感じるかもしれません。なぜなら、同期の年収を知った時点で参照点が700万円になったからです。

この例のように「参照点」は簡単に変わることがあります。「参照点」をどこに置くかによって意識が変わり、行動まで変わる可能性があるのです。

## 参照点をどこに置くかで相手の判断を誘導する

「参照点依存性」をうまく活用すると、相手をこちらの思いどおりに誘導することも可能です。

仕事で見積書や提案書を作成する際は、通常価格の下に「出精値引き」欄をつくってサービスしていることを演出できます。会社などでの予算確保でも、例えば50万円が必要なのであれば、**事前に「70万円くらい必要になるかも」と話しておけば、「なんとか50万円で収まりそうです」という要望が快く受け入れられるでしょう。**

このテクニックは、欲しいものをおねだりする際にも使えます。

例えば、夫や妻、パートナーに誕生日プレゼントを買ってもらうとします。3万円のバッグが欲しかった場合、「気に入ったバッグがあるんだけど、5万円くらいするんだよね。ちょっと高いから、もう少し安いのを探してみるよ」とジャブを打っておきます。その数日後に「3万円で欲しいのが見つかったから、それでもいいかな？」と改めて話をすると、「最初に言ってたよりも安いのが見つかって良かった」と、すんなり承諾してもらえるかもしれません。

相手の中で「5万円のバッグ」が**参照点になったため、3万円のバッグを安く感じてもらえる**というわけです。

お金に関しては、実際よりも高い金額を提示することで、「安い」と感じさせる方法が有効ですが、対人関係では、その逆が良いかもしれません。

本項の冒頭の「普段は乱暴で怒りっぽい性格のBくん」ではありませんが、**対外的な場面での自分のハードルは低めに設定しておくと、あとから「思ったよりもできる」「思ったよりもやさしい」と思ってもらえる可能性が高くなります。**少なくとも相手をがっかりさせることは減るはずです。

例えば、テレビ番組でお笑い芸人が「超大型新人！」「各所で爆笑をかっさらう！」などと紹介されていたら、「どんな面白いネタを見せてくれるのか」と期待が高まります。しかしその後、思いっきりスベってしまうと、「全然面白くないじゃないか」とがっかりされてしまいます。

職場でも、すごい経歴の持ち主が「鳴り物入り」で入ってきたのに、思ったよりも仕事ができなかったりすると、期待していた分、評価が下がってしまいますよね。

そうならないためには、「まだまだ勉強中の身で」「みなさんに教えていただきたいです」というような**低い姿勢で入るのが無難**です。**徐々に実力を発揮していくほうが自分自身もラクな気持ちで仕事ができる**と思います。

ついつい自分を大きく見せたくなりますが、自分の参照点を「低め」にしておくほうが、変なプレッシャーがかからないでしょう。

ただし、自分を成長させたい場合は、参照点を高くする方法もあります。例えば、身のまわりにいる有能な人を参照点にして、自分と比較、評価するのです。

また、あえて優秀な人が多い厳しい環境に身を置くという方法もあります。自然と参照点が高くなり、負けたくないと思うことで、努力するモチベーションも生まれるでしょう。

ここまで見てきたように、参照点をどこに置くかによって、意識も行動も変わってきます。**自分の参照点は、他人に左右されるのではなく、自分でコントロールしたい**ですね。

# 「とりあえず生ビール」に同意してしまうわけ

## 多数派に流されてしまう理由

同僚や友人たちと居酒屋に行って最初の飲み物を決めるとき、「とりあえず生ビールで！」「じゃあ私も！」「俺も！」というシーンに遭遇すること、よくありますよね。

同じものを頼んだほうが早くそろいやすい、他の飲み物をメニューから探すのに時間がかかるなど、いろいろと理由はあるかもしれません。

その一方で「本当は別のものが飲みたかったな……」というときでも、「ここは合わせておくか」と判断することも多いのではないでしょうか。

同じようなことは、職場の会議やミーティングでも起こります。

誰かの意見が「ちょっと微妙だな」と思ったとしても、参加している複数のメンバーが、「○○さんと同意見です」「私もそれがいいと思います」などと賛同してしまうと、反対意見を述べることができなくなりがちです。

集団の中で浮かないために個性を出せない、意見が言えないといった状況では、**行動経済学で言う「同調効果」が働いている**と考えられます。

# 「みんなに合わせたい」のは人間の本能

**「同調効果」とは、自分の意見や信念を曲げて多数派に従ってしまう心理効果**です。人間は集団で生活する生き物なので、同調することが良いと捉える本能を持っています。集団から外れず、集団と同じ行動をすることで安心を得ようとするのです。

逆に集団から離れた孤独な状態ではストレスを感じてしまいます。これは、良し悪しや、意味の有無とは関係のない、人間の本能によるものです。

アメリカの社会心理学者ソロモン・アッシュによる実験を紹介します。

数名の被験者がテーブルを囲んでいます。ただし本当の被験者はそのうち1名だけで、その他は全員サクラ（実験協力者）です。

各自の目の前にある1枚のカードには、ある長さの線が書かれています。そして別のカードには長さの異なる3本の線が書かれています。3本の中から最初のカードと同じ長さの線がどれか、全員が答えます。

# 同調効果

**実験**　同じ長さの線を選ぶ

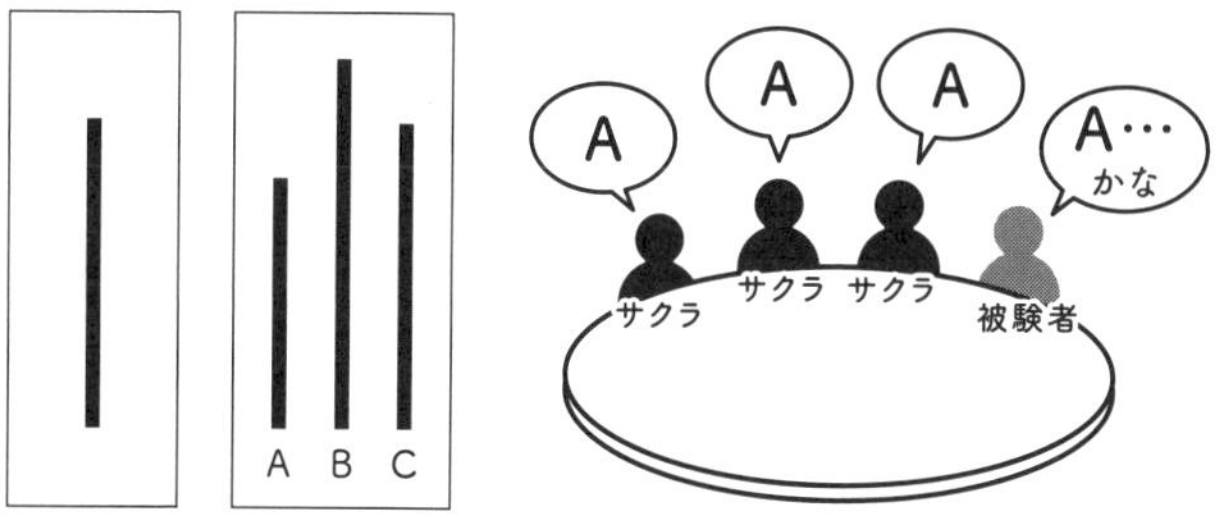


➡ **約3割が間違った答えを選択した**（正解はC）

問題自体は非常に簡単で、ほぼ100％の人が正解するようなものですが、サクラはみな誤った回答をします。その状況で本当の被験者が、自分の判断に従い、他とは異なる線を選ぶか、あるいは他の人の回答に合わせて誤った回答をするのかを調べました。

結果は、**平均3割程度の確率で「誤った」選択をした**のです（＊8）。

つまり、内心明らかに間違っている答えだと思っていても、自分以外の参加者が全員そろって違う答えを選ぶと、それに合わせてしまうのです。**集団の状況、集団の判断が、自分の判断をゆがめてしまう**わけです。状況によっては怖い話ですね。

## 「同調効果」も使い方次第

「同調効果」が悪い方向に働いてしまうと、災害で警報が発令されていても、周囲が避難しないので自分も逃げないといったことも起こります。

最近、テレビでキャスターが強く避難を呼びかけたり、大きな文字で「逃げろ」と表示したりするのは、こうした事態を避ける狙いもあります。

反面、「同調効果」を知ったうえでうまく活用すれば、良い効果を生むこともできます。

熊本地域医療センターでは、**看護師の制服を勤務時間帯で色分けすることで、同調効果をうまく利用して残業時間の削減に成功**しました。

当病院では、看護師の残業過多が大きな問題になっていました。そこで時間管理をしやすくするため、看護師の制服の色を日勤を赤、夜勤を緑に変えたのです。

残業が多い理由には、終業間際であっても仕事を振られれば断りにくい、という事情がありました。色分け後は一目で勤務時間帯がわかるため、まわりの人も、勤務終了が近い人に新たな仕事を依頼しなくなりました。

同時に、色分けによる看護師個人の意識の変化も影響したと考えられます。

真面目な看護師ほど、時間を超過しても仕事をこなそうとする傾向があります。ところが、周囲の看護師が時間で交代していくと、「同調効果」により自分も終わらせようと思うようになったのです。**まわりに異なる色の制服の看護師が増えると、自分が残っていることに居心地の悪さを感じ、早く交代しなければ、と思った**わけです。これもまた「同調効果」の裏返しです。

こうして当病院では２０１４年度の導入以後、前年度に１人あたり年約１１０時間だった残業が半減しました。２０１８年度には約20時間と、導入前の５分の１まで減ったそうです（＊９）。

## 反感を買わずに自分の意見を言うコツ

「赤信号、みんなで渡れば怖くない」というのは、1980年代に一世を風靡したツービート（ビートたけし、ビートきよし）のギャグですが、「同調効果」を見事に表現しているフレーズです。

私たちは、本当は赤信号で渡ってはいけないことをわかっていますが、実際に車が来ていなければみんなに合わせて渡ってしまうわけです。

また、みんなと同じことをしないと仲間はずれにされてしまうことを恐れる気持ちもあるでしょう。

特に、集団からつまはじきにされることは大きな恐怖です。**仲間はずれを避けるためなら「間違っているとわかっている選択」もしてしまう**ものです。

飲み会のビールくらいなら、みんなに合わせたところで何の問題もありませんが、仕事や人間関係においては、自分の意見を述べなければいけないこともあります。

関係性が薄い、日ごろあまり接しない人であれば、意見も言いやすいでしょうが、同じグループで毎日一緒に仕事をしなければいけなかったり、軋轢《あつれき》が生まれては困ったりするような関係性の場合、特に気を遣いますよね。

そんなときに**おすすめなのは、「一度同調してから自分の意見を述べる」**方法です。交渉テクニック「応酬話法」の1つ「YES BUT法」や、行動経済学における「返報性の原理」（103ページ）を用いたものです。

例えば、次のような対応です。

**「ああ、なるほど。確かにおっしゃるとおりですね！ ですが私は……」**

**「へえ、その話は知りませんでした。とても勉強になります。ただ、私が聞いたところでは……」**

最終的には自分の主張をするのですが、**最初にいったん相手の意見を受け止め、認め、同調の姿勢を見せます。**

**これによって、相手からの反感を減らすわけですね。**

この方法は、自分の意見が周囲と異なることを認識しているものの、やはり自分の主張を通すべきだと判断した際に有効です。

投資の格言に「人の行く裏に道あり花の山」という言葉があります。他人にならって付和雷同で動いても大きな成功は得られない、むしろ**他人と異なる行動が成功につながる**といった意味です。

ビジネスにおける成功も、これに通じるものがあると思います。いずれにしろ、何も考えずに人に従うだけでは、成功を得る可能性は低いのではないでしょうか。

「同調効果」は、誰もが影響される心理的バイアスです。

誰しもこの状態になってしまうことを知ったうえで、人に流されない自分なりの考えを持つべきです。みんなと同調した「ぬるま湯」から脱する機会をうかがいましょう。

もし自分の考えに自信があれば、あえて集団とは逆のことをするのもいいでしょう。集団から生まれない提案ができれば、まわりから一目置かれるかもしれません。

まずは小さなことからでも、それこそビールの注文からでもいいので、同調から脱してみてほしいと思います。

返報性の原理

# ビジネスも人間関係も「与えよ、さらば与えられん」が成功のカギ

## 「クレクレくん」と呼ばれていたテイカー上司の末路

以前に勤めていた職場の隣の部署に、典型的な〝テイカー〟の上司がいました。

テイカーとは、英語のギブ・アンド・テイクからきた言葉で、自分の利益ばかりを優先し、常に多くを受け取ろうとする（テイクしようとする）人のことです。反対語は〝ギバー〟と呼ばれ、他人を中心に考え、見返りを期待することなく相手に与える（ギブする）人を意味しています。

彼は社内外を問わず、いつも相手から情報や何かしらの利益を引き出すことばかり考えていました。その一方で自分からは一切与えなかったため、社内では陰で「(情報)クレクレくん」と揶揄《やゆ》されていました。

彼の部署の業績が良かった間は、まだ多少は相手をしてくれる人もいたのですが、業績が下がるとともに、まわりから人がいなくなっていきました。その後、業績不振の責任を取って異動したのですが、社内に親しい人や便宜を図ってくれる人がおらず、さみしく会社を去っていきました。

なぜテイカーは嫌われてしまうのでしょうか?

彼の人間性や性格的な問題だけとは限りません。その理由について、行動経済学で説明してみたいと思います。

## 何かをしてもらうとお返しがしたくなる

**他者から何かを与えられたら、自分も同様にお返しをしようとする心理を「返報性の原理」と言います。**

恩恵をくれた相手に対して、「せっかくしてもらったのだから、こちらもお返しをしないと何だか申し訳ない……」という気持ちになる状態です。

例えば、仕事を手伝ってくれた同僚に対して自分も別の機会で手伝ったり、旅行のお土産をくれた友人に自分もお土産を買って来たりするようなことです。

これは行動経済学における**「社会的選好」**（自分自身のメリットのみならず、他者のメリットも価値と捉える傾向）の1つです。

行動経済学が広く認知される以前の、従来の経済学においては、人間は他者のことなど考えず自分の利益を追求するものと解釈されていました。しかし実際の人間は、必ずしもそうではありません。**行動経済学によって、人間には「社会的選好」の心理が働くことが明らかになった**のです。

「返報性の原理」の例として、アメリカの心理学者デニス・リーガンによる実験を紹介しましょう。

まず参加者全体を2つのグループに分け、その中で2人1組のペアをつくります。

# 返報性の原理

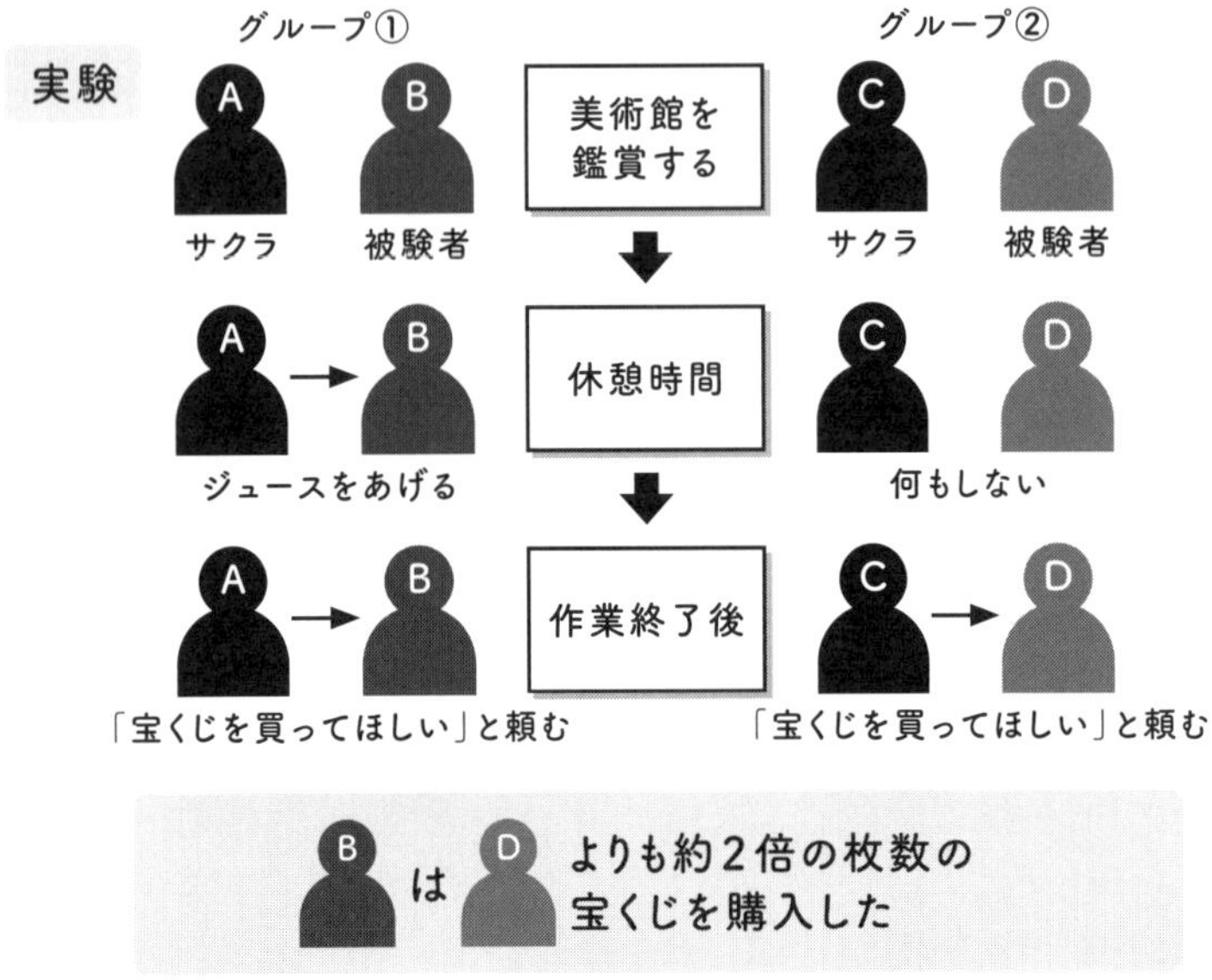


ペアで一緒に美術館の作品を評価するという設定です。

ただし実は、ペアの片方は実験を行うリーガンの助手（つまりサクラ）で、ペアのもう一人が本当の実験対象者（被験者）です。

2グループのうち1つでは、「サクラが評価の合間の休憩時間にジュースを2本買ってきて、1本を被験者にあげる」行動を取ります。もう1つのグループでは特にそういったことはしません。

作品評価の作業がすべて終了

したあと、両グループのサクラたちはそれぞれ、自分とペアだった実験対象者に「(自分の売っている)宝くじを買ってくれないか?」と頼みました。

その結果、ジュースをもらった実験対象者は平均で、もらわなかった実験対象者の約2倍の枚数の宝くじを購入したのです。これはジュースをもらった対象者が、宝くじを多く買う形でお返ししたためだと考えられます。

ちなみにこの実験では、サクラの人物に対する個人的な印象の良し悪しが、宝くじ購入に影響するかどうかも確認されており、サクラへの好意度が高かった場合も、低かった場合も、同じように約2倍の違いとなりました(＊10)。

## 企業も詐欺師も使っている「返報性の原理」

この「返報性の原理」は、あらゆるところで使われています。

わかりやすい例は、スーパー店頭での試食です。例えば、カルディコーヒーファームは、店頭でコーヒーの試飲サービスを展開しています。試飲してもらうことで、味を試してもらえるだけでなく、店内に長く滞在してもらうこともできます。

その際**「無料で試食した」ことによる「返報性の原理」が働きます。何か買わなければ申し訳ないという意識が生まれて購買につながる可能性が高まります。**

日用品の試供品提供や、化粧品売り場での美容部員による「お試しメイク」なども同じ原理で販売促進を狙います。

さらに手の込んだ方法もあります。

小学生くらいのお子さんがいる人は心当たりがあるかもしれませんが、ある通信教育企業は、お子さんの名前がプリントされた名前シールをダイレクトメールと一緒に送っています。また教材や鉛筆など、無料のサービス品も届けます。その狙いは、「返報性の原理」を利用して、入会や利用を促そうとしているのです。

大人の我々は、「タダより怖いものはない」という意識が多少ありますが、子どもはもらえるものに飛びつきやすいもの。ショッピングモールや住宅展示場などで行われる、無料の縁日イベントや抽選会にも、子どもは喜んで参加します。親が「子どもを楽しませてもらった」と感じれば、実質的な顧客である親の心に「返報性の原理」が働きます。

「返報性の原理」は、場合によって「悪いこと」にも利用されています。

例えば、**「無料の厚意」をエサに相手からお返し（お金）を引き出す手法は、詐欺にも使われます。**

私自身も経験があります。学生時代のアルバイト先に、丁寧に仕事を教えてくれたり、親身になって話を聞いてくれたりする先輩がいました。アルバイトが終わったあと、後輩たちに食事を奢《おご》ってくれることもあり、みなすっかり気を許していました。

ところがある日、「すごく面白いセミナーがあるんだけど、一緒に行かない？」と後輩たちを誘い始めたのです。「いつもお世話になっているし……」という気持ちからついていった友人に話を聞いたところ、怪しげな情報商材を売りつけるセミナーだったそうです。

いわゆるカルト宗教なども、こういった方法で勧誘しています。心理的バイアスの中には意図せずに働くものもありますが、こうした、悪い「返報性の原理」は、冷静な判断力と自覚を持って避けるようにしてください。

## セールス上の「無料の厚意」に人情は必要ない

**「返報性の原理」は営業スキルとして確立され、活用されています。**

有名なものとしては、「ドア・イン・ザ・フェイス」でしょう。これは本当の要求を通すためにまず無理な要求をお願いし、相手に断られたら、それよりも小さな本命の要求をするという方法です。**「断って申し訳ない」という相手の感情を利用して、最も重要な要求を受け入れさせる**わけですね。

こうした「スキル」を用いてくる相手に対して、断ることの負い目を感じる必要はありません。企業が行う無料のプレゼントなどに対しても、お返しをする必要はまったくないのです。

あくまで、相手が本当に求めるもの（＝売りたい商品）を見抜くこと、それが自分にとって必要かどうかを見極めることです。ここでも大切なのは冷静な判断と言えそうです。

## まず「自分から与えること」から始める

このように、さまざまな場面で活用、悪用される「返報性の原理」ですが、うまく使えば、ビジネスでの成功やより良い人間関係の構築に役立ちます。

本項の冒頭で紹介した〝テイカー上司〟がさみしく去って行ったのは、返報性の真逆の行動をしていたからです。奪うだけ奪って何も返してくれないような人に、「何かをしてあげよう」とは思わないですよね。「あいつには何もしてやるもんか」という感情になるのが自然です。

また、「返報性の原理」の逆、つまり**嫌なことをされると嫌なことを仕返し**

**したくなる**という心理も実証されています。嫌みを言えば嫌みが返ってきたり、意地悪をすれば意地悪をされやすくなったりするのも、「返報性の原理」のなせるわざです。

人間関係をつくるための有効な方法として、「自己開示」というものがあります。

これは心理学用語ですが、意味は言葉どおり、ありのままの自分をさらけ出すことです。**強みだけでなく弱みや過去の失敗なども含めて、自分自身に関する情報をありのままに伝える**のです。そうすると、相手も自分の情報を開示しようと考えます。

結果的に、親近感が生まれたり、緊張が緩和したり、信頼関係が構築されたりするなど、人間関係の構築につながります。

これもまた「返報性の原理」の活用ですね。

ビジネスで成功している人や、人間関係の構築がうまい人たちはみな、自ら与える〝ギバー〟の性質を持っています。

もちろん、無理をして自分の身を削る必要はありません。すぐに相手からのリターンが得られないこともあります。それでも**先々の関係のための投資として、自分から「してあげる」ことを心がけられると良い**と思います。

これはビジネスだけに限りません。あらゆる人間関係をより良くするために、他人に対して、こちらから与える姿勢を持つことは大切だと言えるでしょう。

新約聖書に由来する有名な「求めよ、さらば与えられん」という慣用句がありますが、「返報性の原理」においては、「与えよ、さらば与えられん」ということですね。

# 第 2 章

# 他人に「勝手な期待」をしてしまう理由

バンドワゴン効果

# 行列に並ぶ人は「思考停止状態」になっている

## 「行列ができている店」はおいしい店なのか

はじめて行った町で、おいしそうな飲食店を探す場合、どんな店なら入りたくなりますか？

事前情報が一切ないとしたら、行列ができている店、あるいは外からのぞいてみてお客さんがそれなりに入っている店を選ぶ人が多いのではないでしょうか。

私はラーメンが大好きで、新たにおいしい店を探すのを楽しみにしています。偶然出かけた場所で、待つ人の列ができているラーメン屋を見かけると、ついつい並んでしまいます。

しかし、よく考えれば行列ができている、お客さんが入っているからといって、必ずしもおいしい店とは限りません。「限られた時間で食事をとる」ことを合理的に考えるのであれば、空いている店を選ぶほうが、待ち時間ゼロで早く食べることができますよね。

それなのになぜ、私たちは行列に並びたくなってしまうのでしょうか。

■スーパーなどで「売れています！」「人気ランキング第1位！」などと書いてある商品を見ると、つい買ってしまう。
■特定の映画やドラマが話題になると、その作品への興味が湧く。
■選挙のとき、ニュースなどで「支持率が高い」とされている候補者を選ぶ。
■流行しているファッションを真似したくなる。
■SNSで多くのユーザーが「いいね！」やシェアをしていると同じ反応をしたくなる。

これらの現象は、実はすべて同じ心理効果によるものです。

私たちは多くの人が買っているもの、話題にしているものに弱く、行列ができているると「きっといいものに違いない」と思い込み、つい並びたくなってしまうのです。

## 多数派に合わせた選択をしたくなる

**他人が持っているもの、みんなが持っているものだと、もともと興味がなかったとしても欲しくなる現象を、行動経済学では「バンドワゴン効果」と呼んでいます。**

「バンドワゴン」とは、ディズニーランドのパレードのように、音楽を演奏しながら賑やかな行列の先頭を走っている車のことです。日本風に言えば、お祭りの御神輿《おみこし》や山車《だし》ですね。

それを見た人たちは、何が行われているのか気になってしまい、楽しそうに思えてどんどんバンドワゴンに集まり、後ろからついていくようになります。

多くの人が集まっている＝同じ選択をしていると、さらに多くの人が同じ行動をするようになるというわけです。

これは、「流行りに乗りたい」「大勢の輪の中に加わりたい」「勝ち馬に乗りたい」といった人間の心理によって引き起こされる行動です。

一見、**それぞれが自発的に選択しているように思えるかもしれませんが、実際は「他人に合わせる」という外部要因に影響されている選択**なのです。

流行りに乗りたい
勝ち馬に乗りたい
私
大勢の輪に加わりたい
人気があるし間違いない

アメリカの心理学者、ロバート・チャルディーニによる「ホテルの宿泊客に『タオルの再利用』を促す実験」を紹介しましょう。

# バンドワゴン効果

**実験** ホテルの部屋に下のいずれかのメッセージが書かれたカードを置き、タオルの再利用率を計測した。

| ホテルのエネルギー節約にご協力ください | 宿泊客の75%がタオルの再利用に協力してくれました |
| --- | --- |
| ↓ | ↓ |
| 再利用率 **16%** | 再利用率 **35%** |

　1つのグループの部屋には、「ホテルのエネルギー節約にご協力ください」という、一般的なメッセージだけが書かれたカードを置き、別のグループの部屋には、「宿泊客の75%がタオルの再利用に協力してくれました」と書かれたカードを置きました。結果は、**前者の16%、後者の35%が再利用に協力した**というものでした（＊11）。

　つまり実際に人の動きや流れ、行列を目にしなくても、**「再利用に協力することが多数派である」というデータを見せられただけで、「他のみんなが協力してい**

**るなら自分も協力しよう」と考える**ことがわかります。

## 「みんなと違うこと」には恐怖が伴う

先ほど話したとおり、単に食事をするという観点で考えれば、わざわざ行列のできている店に並ぶのは、時間の使い方として不合理です。

むしろ隣の待ち時間ゼロの店に入るほうが、早く食事もできて他のことに時間を使えますよね。

ただ、行列のできている店を横目に一人で「誰も並んでいない店」に入ることは、ちょっとした怖さを伴ったりします。

**「味がまずいんじゃないか」**

**「店員の接客態度が悪いのかもしれない」**

**「店内があまりきれいじゃないのかも」**

こんなふうに「選ばれていないマイナスな理由」を想像してしまったりするものです。

**みんなと同じ選択をすることは安心――、違う選択をすることは恐怖――。**

こう考えてしまう根底には「同調効果」（94ページ）の場合と同様に、人間が社会的な生き物であり、集団生活で生き延びてきたということの影響があると考えられます。

日本人は特に、その傾向が強いと言えるかもしれません。

個々の弱さ、あるいは不利な要因をカバーするために助け合いながら集団を形成してきたわけですから、そこから外れる行動を取ることに恐怖が伴うのは間違いありません。

**集団と同じ行動をしておいたほうが生存確率は上がる**、と考えることもできるでしょう。バンドワゴンについていきたくなるのは、人間の生き物としての習性ということですね。

# バンドワゴンに踊らされて無駄な出費をしないコツ

「現在、○○人がこの商品を見ています」
「今日は○○人の人が予約しました」
「人気商品のため追加で販売します」

ショッピングサイトなどでよく見られるこういったフレーズは、まさにバンドワゴンにつられやすい人間の習性を利用したものです。

買おうかどうか迷っているときに「みんなが選択していますよ」という情報を提供することで、みんなが買っているなら私も……と思わせる狙いがあるのでしょう。

また、「早く買わないと商品がなくなってしまうかも」と焦らせることも、購入を後押しする効果があります。

この判断においては「損失回避」（210ページ）の心理が働きます。人間が感じる損による不満は、得による満足の2倍以上とされています。だから損失に強く反応

## 「バンドワゴン効果」を利用した キャッチコピーの例

売れています！
売上ランキング第1位
90％の人が選んでいます
業界シェアNo.1
累計利用者数1000万人突破！
人気商品につき次回入荷未定
10万「いいね」獲得！
いいかも……

し、なんとしてもこれを避けようとします。買えるチャンスがあるときに、それを失うことを「損失」と捉えているわけですね。本当に買うべきかを冷静に判断する前に、焦って買ってしまうのです。

**企業側が「バンドワゴン効果」を都合よく使って、消費者の財布の紐を緩めようと仕掛けるケースはたくさんあります。**

実際に売れている、あるいは権威ある賞を受賞していれば、それなりに優れたものだと言えるかもしれませんが、中には**実態のない情報や重要度の低い数値（例・母数の少ないアンケート結果など）を見せることで誘う**パターンもあります。

業界団体などでつくられた信ぴょう性の低い「○○賞」や、お金を払うだけで誰でも受賞できる「○○セレクション」などの賞を受賞していることで良い商品だと思わせる手法もあります。

ここで働いているのは「ハロー効果」（161ページ）です。これは、対象が持つ顕著な特徴に引きずられて他の特徴の評価が歪められる現象です。受賞という言葉だけで、よく考えずに質が高いと思い込むのです。その結果、必ずしも**社会から高い評価を受けている権威がある賞かどうかわからなくても高く評価してしまいます。**

数々の名作コピーを生み出してきたコピーライターの糸井重里さんが、以前に「広告は終わった」と発言されたのも、「『今売れています』が一番効くコピーだから」という理由でした。このエピソードが示すように、多くの人が選んでいることによる

「バンドワゴン効果」の影響は大きいのです。

私たちは常に「多数派でいたい」「みんなと同じ選択をしたい」と考える生き物です。それ自体は人間の本能に基づいた習慣ですから悪いことではありません。

また、先ほどの「タオルの再利用」に関する実験のように、この習性をうまく使って人々に良い行動をさせることも可能です。

気をつけておきたいのは、**「バンドワゴン効果」に踊らされ、あるいは狙われて、無駄な出費、意図しない消費をしない**ことです。

特にネットやSNSなどでの情報収集が当たり前になっている現代社会では、**「バンドワゴン効果」を自分で検証する視点を持つことがとても重要**です。

バンドワゴン効果に踊らされないための3つのポイントをお伝えします。

■**マルチ視点**……何かを調べるときは1つの情報源や特定の個人に頼るのではなく多様な視点で調べたり比較したりする。

■**逆説視点**……情報を鵜《う》呑《の》みにせず「本当にそうかな？」と立ち止まって考える習慣をつける。肯定的な意見だけでなく、否定的な意見も見る。

■**主体視点**……他人の意見に流されないよう、自分の価値観を明確にしておく。

「大人気（とされている）商品だからすぐ買う」「〇〇賞を受賞しているから買う」というような**「思考停止状態での消費行動」をするのではなく、自分の頭で考えて判断するクセをつける**ことが大切です。

ネットの中では、あなたが検索したキーワードや閲覧履歴をもとにあなたの興味や嗜好《しこう》に寄せた、いわば偏った情報が強く表示されます。

**幅広く多様な情報を見ているつもりが、実はとても狭くて閉ざされた世界しか知らないという可能性が大きい**わけです。

個人的に一番良いと思うのは、「自分が好きな味はコレ」と言える味を見つけたうえで、「それにピッタリなラーメン屋を見つける」こと。他人の評価など気にせず、自分の好みに合うものを食べるのが一番です。

行列ができているかどうかは、しょせん他人の判断ですから、それに惑わされるのは自分の判断の軸ができていないからだとも言えるでしょう。**どんな小さなことでも、本当に自分が好きなものを見つけることは、自分が幸せになるための第一歩**ではないでしょうか。

ラベリング効果

# 人に対する「思い込み」を持つことの危険性

## 「おとなしそうな部下」が辞めたいと言った理由

友人の職場に、おとなしい性格の部下がいたそうです。

会議などでも控えめな態度だったため、取引先へのプレゼンなどを任せるよりも、分析作業などのデスクワークでの成果を評価したり、「リサーチの天才だね！」と褒めたりしていました。

友人としては、適性を見極めて判断をしていたつもりだったのですが、ある日その部下から、「別の部署への異動か、それが無理なら退職したい」という相談があったのだそうです。

驚いてその理由を聞いてみると、本人が望む取引先へのプレゼンなどの機会が回ってこず、かといってデスクワークにもやりがいが感じられないとのこと。

友人は、この部下の良い面を引き出しているつもりでしたが、その見方が一方的であったため、本人の気持ちや志向とはズレていました。良かれと思っての評価であっても、それがむしろ押しつけとなってしまっていたわけです。

このように「思い込み」で人のタイプを決めつけてしまう誤りは、しばしば起こります。

## 「きちんとした子だ」とレッテルを貼ればいい子になる

**人や特定の物事に対して、ラベル（いわゆるレッテル）を貼ることで、対象についての評価や選択に影響を与える心理効果を「ラベリング効果」と呼びます。**

例えば、「女の子なんだから、おとなしくしなさい」「男の子なんだから、活発に遊びなさい」などと言い続けることが、その子の性格や態度に影響する、といったことですね。

本項の冒頭のエピソードで言うと、友人が部下に貼っていたのは「おとなしくて思慮深い」というラベルです。

マネジメントの場合は、本人の自己評価と会社が望む方向性が異なることもあるので、一概に友人の対応が間違いとは言えないところもあります。とはいえ、**誤ったラベリングをしてしまうと、相手のモチベーションを下げることがある**ので注意しなければいけません。


一方、この「ラベリング効果」は、うまく活用すると対象者の行動を良い方向に導くことも可能です。

ノースウェスタン大学のジョージ・ミラーらによる、シカゴでの小学5年生3クラスを対象にした、「ごみのポイ捨て」に関する実験があります。

実験者は、被験者となる3クラスの児童に、それぞれ異なる言葉を8日間かけ続けました。

Aクラス「みなさんはきちんとした小学生だ」
Bクラス「ごみはきちんと捨てなさい」
Cクラス（特に声はかけない）

そして実験がスタートしてから10日後、24日後にそれぞれのクラスの子どもたちがごみをきちんとごみ箱に捨てているかについて、実験を開始する前と比較しました。

すると、「きちんとした小学生だ」と言われ続けていたAクラスの子どもたちはきちんとごみ箱に捨てるようになり、声をかけなくなったあとも効果は持続したことがわかりました（＊12）。

つまり**「きちんとした小学生」と言われ続ける**（**ラベルを貼られる**）**と、「きちんとした小学生」として振る舞い始める**ということです。逆もまた同じで、「お前は不良だ」とか「お前は悪いやつだ」と言われ続けると、本当に悪い振る舞いを始める傾向が強くなります。

# ラベリング効果

**実験** 3クラスの児童に、それぞれ異なる言葉を8日間かけ続け、それぞれのクラスの子どもたちがごみをきちんとごみ箱に捨てるか、10日後、24日後で比較した。

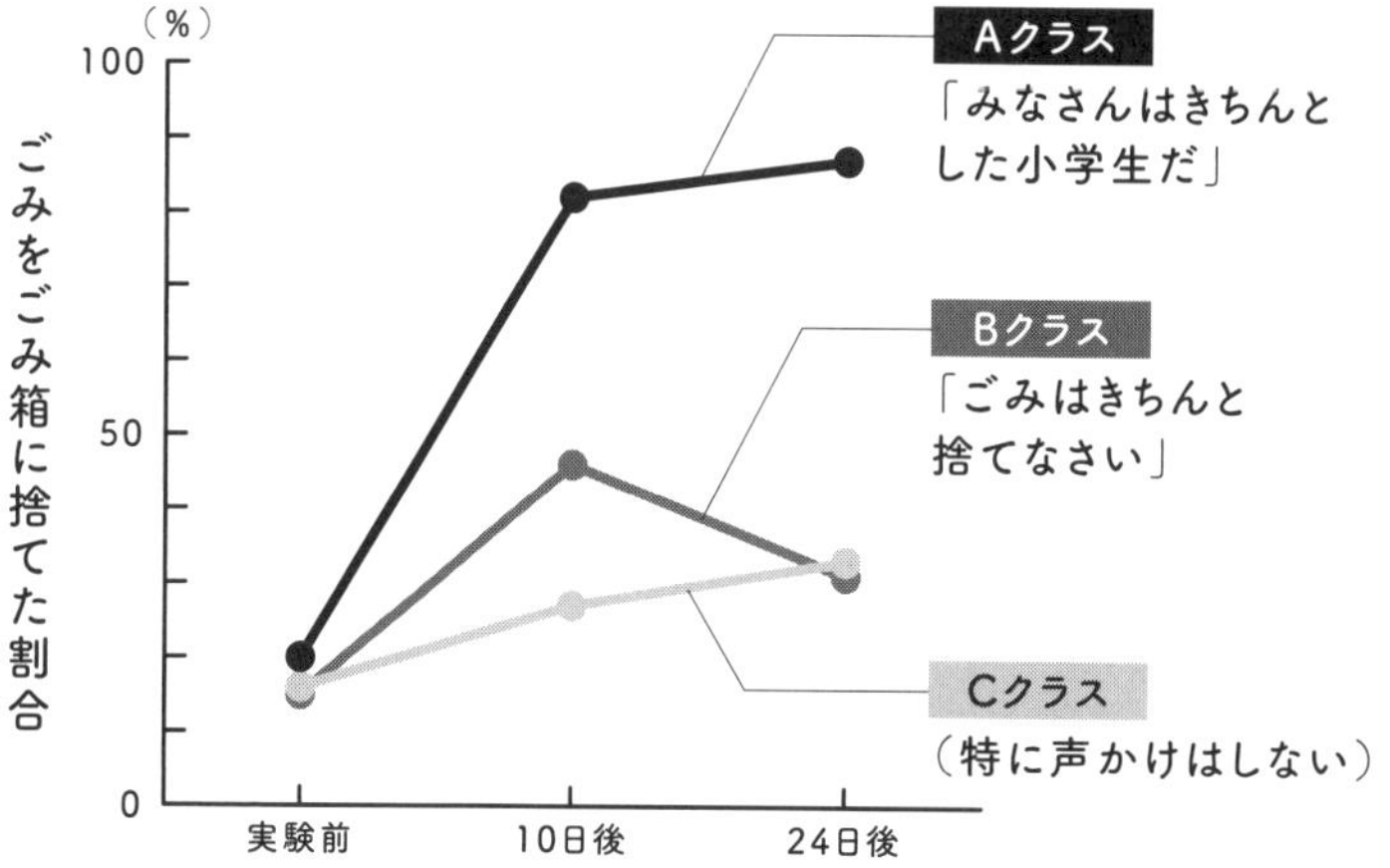


出所：Miller, R. L., Brickman, P., & Bolen, D. (1975)

## ラベリング効果とは

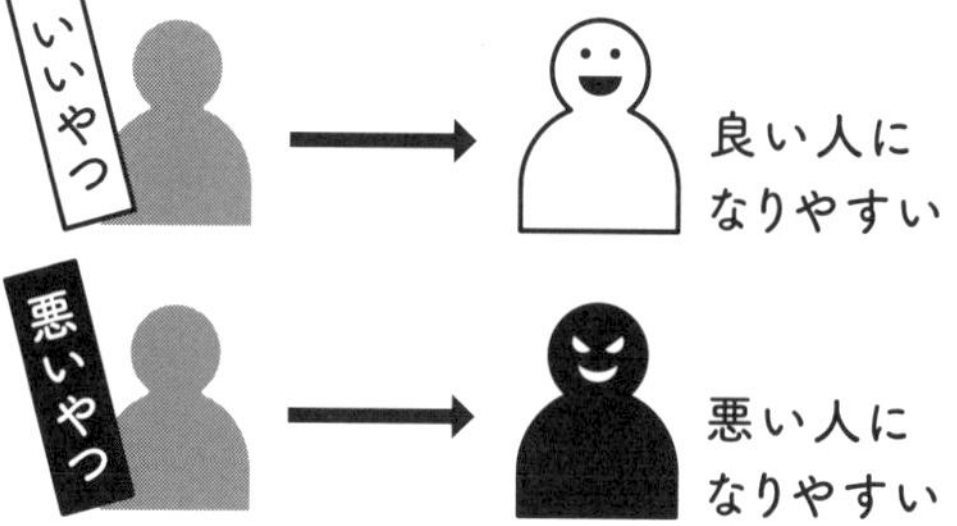

## ディズニーランドが従業員を「キャスト」と呼ぶ理由

ラベリングによってポジティブな変化を促す取り組みは、多くの企業でも行われています。

例えば、東京ディズニーリゾートでは園内で働いている従業員を「キャスト（演劇などの配役、出演者）」と呼んでいます。会社側がそう呼ぶことで、あるいはお互いをそう認識させることで、**「夢の国」を演出するための重要な役割を果たしていると自覚してもらい、それにふさわしい行動をさせる**ためのラベリングです。

マクドナルドが店舗で働く従業員を「クルー（船や飛行機などの乗組員や搭乗員）」と呼んだり、スターバックスコーヒーが全従業員をパートナーと呼んだりするのも、会社がそう決めることで、お互いに同じ船に乗っている乗組員、同じ立場の相棒として協力し合って働く意識を持たせようとラベリングしていると考えられます。

この手法はマーケティングにもよく使われていますし、逆に消費者が自らにラベルを貼ってしまうというケースもあります。

最近、〇〇女子、××男子のような呼称づくりが活発ですが、これには消費者や利用者にラベリングすることで、より積極的に消費、利用してもらおうという意図があります。「ワークマン女子」という言葉がつくられて、自分自身をそうだと認識した人は、よりワークマンで買い物をするでしょうし、自然と服装や趣味などがそっちの方向に寄っていきやすくなります。


ラベリングは、教育や指導でも活用されています。

「あなたは国語が得意だね」とラベリングすれば、国語の成績が上がる可能性が高くなりますし、上司が部下に「君は仕事が早いね」とラベリングすれば、部下はさらに早く仕事をこなそうと思うものです。


つまり、**ポジティブなラベリングをすればポジティブな行動をさせる**ことが期待できます。**反面、自分の考えとは相反するラベリングをされれば、生きにくさ、あるいは呪縛のような存在にもなり得る**ことになります。

「医者の子どもなんだから医学部に行きなさい」など、**子育てにおいて親が子ど**

**ものの意思に反したラベリングをすると、その子のモチベーションを失わせる結果にも**なりかねません。

他人からの評価や期待、声かけがその人の行動にじわじわ影響を及ぼす心理効果は他にもあります。

●**バーナム効果**…誰にでも該当するような一般的な性格や特徴などが、まさに自分に当てはまると思い込んでしまう傾向（例・血液型でA型は几帳面、B型はマイペースなどと言われると納得してしまう。ダイエット商品の広告で「なかなか、やせられないあなたに」などと書いてあると「まさに私のことだ」と思ってしまう）。

●**ピグマリオン効果**…他者から期待されると頑張れたり、やる気が出たりして成果を出せる傾向になる心理効果（例・「今後1年で成績が伸びる」という嘘の保証をされた生徒のＩＱが大きく伸びた［ハーバード大学・ロバート・ローゼンタールの実験より］）。

●**ゴーレム効果**…相手に対して期待できない、見込みがないと思っていると、本当に悪い結果になる心理効果（例・成績が悪い生徒という先入観を持って指導すると生徒の成績が下がってしまう）。

このような心理効果があることを知ったうえで、ポジティブな方向に活用していくことが大切ですね。

## ポジティブラベルで人を育てる

「ラベリング効果」などを良い方向に使っていけば、本人の意識や振る舞いを前向きな方向に誘導できます。逆に、ネガティブなものは意識や振る舞いに悪影響を与えてしまうので、要注意です。

例えば、こんな使い方がおすすめです。

■「たくさん宿題ができたね」→「今日の宿題王だね」
■「メンバーをうまくまとめられたね」→「まさにリーダーだね」
■「自分で言ったことをきちんとやっているね」→「いつも有言実行だね」

上下で同じことを言っているように見えるかもしれませんが、相手の行動に焦点を当ててポジティブな言葉を使うのは前提として、**「動詞ではなく名詞を使う」**ところがポイントです。

「宿題ができた」ではなく「宿題王」と名詞にすると、明快なラベルになります。

相手を注意したいときも、その内容を「ポジティブ転換」して行動を促していく手法が使えます。

■「しつこい」→「粘り強いね」
■「仕事が遅い」→「仕事が丁寧だね」
■「結果が出るのが遅い」→「大器晩成だね」

こう呼びかければ、それとなく注意をしながらも、相手の良いところを褒めているように受け止められるのです。

「ラベリング効果」は多くのコミュニケーションシーンで応用できます。

会社の人間関係であれば、ちょっとした動きや特徴をポジティブに捉えて、例えば**「アイディアマンだね」「資料づくり名人だね」「プレゼンのプロだね」などとポジティブなラベルを貼ってあげる**ことで、良い関係を保ちながら、相手を育てていくことができるでしょう。

子育てならば、実験の例のように**「あなたはお手伝いができる子だね」「算数が得意な子だね」「優しい子だね」などとラベリングしていく**ことで、子どもが自分自身をそういう人間だと思い、良い方向に成長できるよう影響を与えられる可能性があります。

「ラベリング効果」を用いて影響を与えようとする場合に、大事なポイントは2点です。

まずは、**何度も同じ声かけをして、本人の意識の中に刷り込むこと。**

そして、もし本人の反応が弱かったり、あまり変化が見られなかったりする場合は、**そもそものラベルが間違っている可能性があるので、ラベル自体を見直すこと**です。

この2つの視点を持って、ラベルをうまく活用していけるといいでしょう。

人やモノにラベリングをする注意点として、一度貼りつけてしまうと「そういう人だ」「そういうものだ」というフィルターがかかってしまい、それ以外の要素が見えにくくなってしまうことがあります。

なかなか難しいことではありますが、**常に「その評価は正しいのか？」という疑問を持ち、既存のラベルだけにとらわれず人やモノを見る意識を持つこと**も大切なのだと思います。

## 「こう思われたい」というラベルを自分に貼る

さて、このラベリングは他人から一方的に影響を受けるものではありません。

自分で自分にラベリングをして、セルフブランディングや自己実現のツールとして利用することも可能です。

例えば、会社員時代に社内の飲み会は一次会で必ず帰るという同僚がいました。「長時間の飲み会は時間の無駄」という考え方の人だったので、「一次会で帰る人」という共通認識（ラベリング）ができていました。その結果、本人もまわりも「誘う・誘わない」でストレスを感じることなく、付き合うことができていたようです。

**「こう思われたい」、あるいは「こう思われたほうがラク」というラベル**

**を自分に貼りつけて、まわりにそのキャラクターを認知させることができれば、ストレスのない人間関係を築くことにもつながる**と思います。

ただし、自分自身に対して自分で無意識にラベリングをしてしまい、それが悪く働く場合もあるので注意が必要です。例えば、うまくコミュニケーションが取れない失敗の経験が何度か続いただけで「自分は話下手だ」などと、自分自身で思い込んでしまうケースです。

自分に対するネガティブな決めつけをするのはやめて、ポジティブなラベリングをしていきましょう。

ウィンザー効果

# 「あの子、お前のこと好きらしいよ」が嬉しいわけ

## 第三者から聞いた「好意」は数倍の威力がある

会社員時代、マネジメント力に定評がある同僚のBくんがいました。

彼の部署は生産性が高く、コミュニケーションも活発で、彼は上司からも高い評価を得ていました。「自分も見習いたい！」と思い、Bくんの行動を観察してみると、2つの特徴に気がつきました。

**1つ目は、「とにかく褒め上手である」こと。**「プレゼンの説明がわかりやすかったよ」「資料のつくり方がとても丁寧で使いやすいね」「後輩の面倒見がいいね」など、とにかく部署メンバーの行動や仕事ぶりをしっかり見ているのです。

そして**2つ目は、見つけた「褒めポイント」を直接ではなく、「できるだけ第三者経由で伝えている」こと**です。私自身も、ある上司から「Bくんが君のことを『チームメンバーへの気配りが素晴らしい』と褒めていたよ」という話を聞いて、なんだかすごく嬉しくなったことがあります。

逆パターンで、Bくんが私の部下について「○○さんは取引先としっかり信頼関係を築けていてすごいね」と褒めてくれたので、本人に伝えたところ、とても喜んでくれた、なんてこともありました。

Bくんは、さまざまなところでこのように上手に人を褒めて、やる気を引き出していたので部下から慕われ、上司からもマネジメント力を評価されていました。

直接ではなく、「人づてで褒めたり好意を伝えたりする」というこのやり方、Bくんが意識していたかどうかはわかりませんが、実は行動経済学の心理テクニックなのです。

## 好意を持っている人による利害関係のないおすすめが最強

**私たちは当事者の発信よりも、利害関係のない第三者から発信された情報を、より強く信じてしまう傾向があります。この心理効果のことを「ウィンザー効果」と言います。**

上司や同僚が直接褒めてくれた場合、もちろん嬉しさはありますが、「気を遣ってくれたのかな」「良く思われるためのお世辞かもしれない」などという疑念も生まれたりします。

しかし、第三者経由で同じ話を聞くと、「自分以外の人にその話をした」ということは、気遣いやお世辞ではないだろうと思うため、その情報の信ぴょう性が向上するのです。

「ウィンザー効果」のウィンザーとは、アメリカ生まれの作家アーリーン・ロマノネスの小説『伯爵夫人はスパイ』（講談社）の作中に出てくる、ウィンザー伯爵夫人のセリフ「第三者の誉め言葉がどんなときにも一番効果があるのよ、忘れないでね」か

# ウィンザー効果

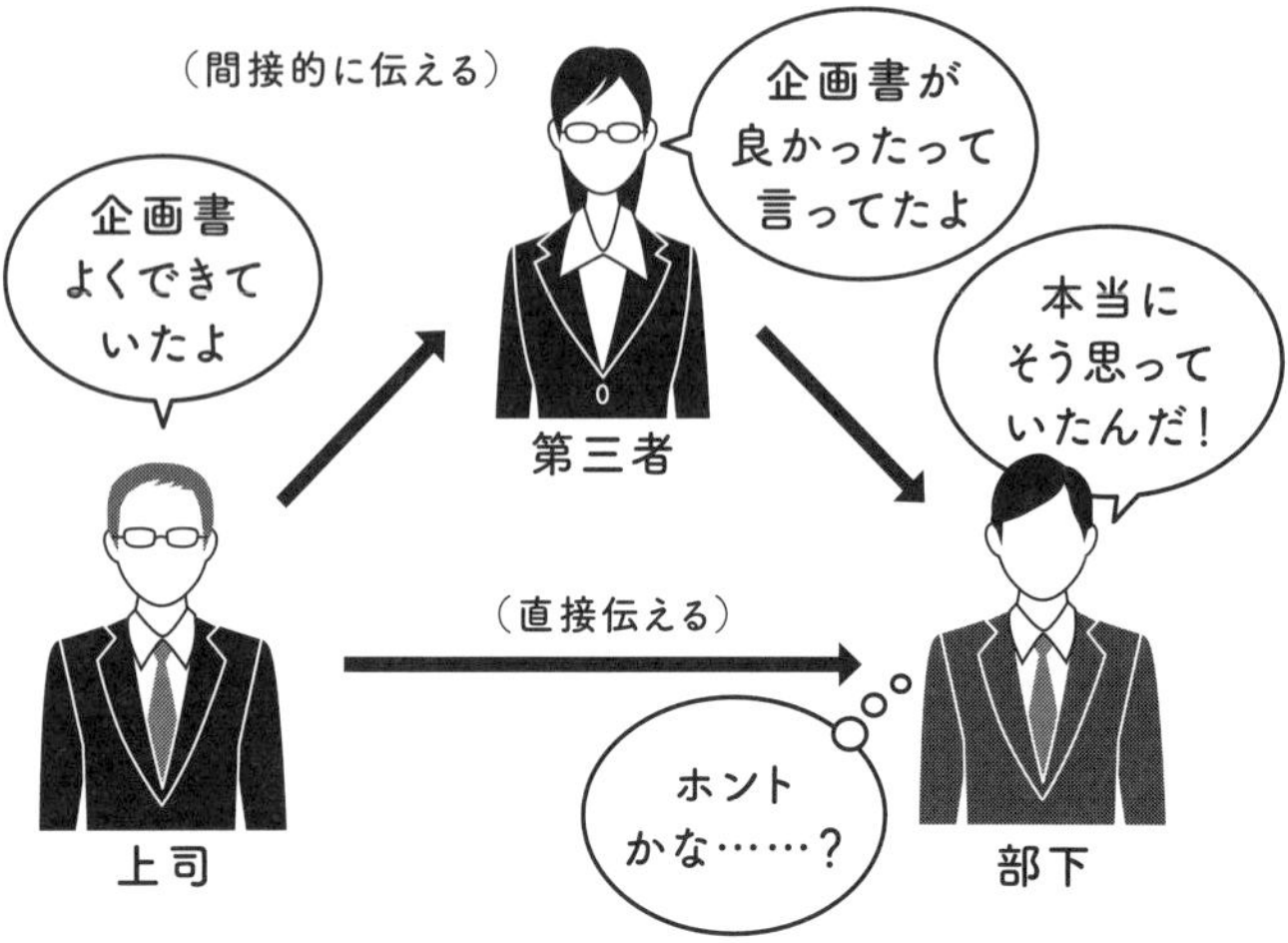


直接言われるよりも、利害関係のない第三者から
言われるほうが、信ぴょう性が高まる。

ら取られています。まさにセリフどおりですね。

特に、**第三者に当事者との利害関係がない（と思われる）ほど、そして第三者に親近感を覚えているほど、信ぴょう性が高まる**と言われています。

この効果をそのまま活用しているのが、いわゆる「インフルエンサー」です。

自分がフォローしている（＝好意や興味を持っている）インフルエンサーは、より身近に感じる第三者です。そのインフルエンサーが何かをおすすめすると、影響を受けてしまうのは言うまでもないでしょう。

もしそのインフルエンサーに知名度や人気があった場合は、さらに「ハロー効果」（161ページ）が働き、より影響力が強まります。「ハロー効果」は評価する対象が持つ顕著な特徴に引きずられて他の特徴の評価が歪められる心理現象です。インフルエンサーの評価が高ければ、その発言までもが、真偽も検討されないままに正しいとされるのです。

もっとも最近は、この仕組みを悪用したいわゆる「ステルスマーケティング」が問題になっています。インフルエンサーが影響力を悪用して人々に商品を買わせ、こっそり裏で報酬を受け取っている……といった商法は許されなくなってきています。

## 私たちが「口コミ」を信じてしまう理由

インターネットでのマーケティングがメインとなっている昨今、「ウィンザー効果」という名前を知らなくても、知らず知らずのうちにこのバイアスを利用している企業は多いと思います。

今やネット上では、ほぼすべての商品やサービス、店舗に対する「お客様の声」や「レビュー」を見ることができます。本当にユーザーの声なのか、もしくはいわゆるサクラのコメントなのか怪しいものもあります。実際にユーザーの声であっても、良い意見だけを掲載している可能性もあります。それでも私たちは、選ぶかどうかの決め手にしてしまいますよね。

売り手側の「これは良い商品です！」「すごくおいしいです！」という宣伝文句の裏には、より多くの利益を得たいという思惑があると誰もが気づきます。しかし、**第三者の立場からの意見には利益が関わらないため、信用されやすい**からです。

テレビ番組で、その町のタクシー運転手さんにおいしいお店を教えてもらうというものがありますが、あれも同じ理屈ですね。

こうしたユーザーによる「口コミ」の数が増えると、「バンドワゴン効果」（116ページ）が働きます。多くの人が注目する人気商品だと考え、自分も乗り遅れないようにしなければと、慌てて買ったりしてしまうのです。

一方、当然ながらコメントにはネガティブな意見も存在します。「ウィンザー効果」は良いほうにも悪いほうにも働くので、第三者から聞いた「この商品は良くない」というマイナスのコメントにも大きな影響を受けてしまいます。

企業研修などで、外部の講師を招いて話をしてもらうケースがありますが、これも「ウィンザー効果」を利用していると言えるでしょう。

普段から接している上司からの言葉だからといって、部下がいつも素直に従うとは限りません。それが褒め言葉であっても「部下を扱いやすいように持ち上げているのだろう」などと思われるかもしれません。また、日常の関係性がうまくいっていないと個人的な感情が入り、「この人の言うことは聞きたくない」と思われることもあります。

**同じ内容であっても、日常で利害関係のない人から聞くほうが信用できると感じるのです。**

私も、部下が「研修で講師の方からすごくいい話を聞きました！」というので内容を聞いてみたところ、「それは普段から私もよく話していることなのになぁ……」と思ったことがありました。

## 第三者経由で人を動かすテクニック

ここまで見てきたように、「ウィンザー効果」は仕事や人間関係で大いに役立てることができます。

先ほどのBくんの例のように、間接的に相手に好意や考えを伝えてもらう方法は、誰でも真似ができそうですね。

例えば、職場で部下や後輩を褒めて、やる気を引き出したいとき。

あなた（A係長とします）が直接「○○さんは、すごく頑張っているね。次のプレゼンも期待しているよ」と言うよりも、**あなたの同僚などから「A係長が○○さんのことをすごく褒めていたよ。次のプレゼンも期待してるってさ」と言ってもらうほうが、部下や後輩は嬉しく感じる**はずです。

逆に、自分について良い印象を持ってもらいたいと画策するのであれば、協力して

くれる第三者から「〇〇さん（自分）は、やさしくていい人だ」などと話してもらうと効果的かもしれません。

伝えてもらう第三者の人選も重要です。**コミュニケーション力が高く、話し好きな人、さらに「ウィンザー効果」を理解してくれている人であれば話が早いと思います。**また確実に伝えてもらうためには、不自然にならない範囲で何度か同じ話をして印象に残すなども大事です。

同じ方法は夫婦やパートナー、親子関係などでも使えます。

「友だちのCさんがあなたのこと『いい旦那さんで羨ましい』って言ってたよ」
「先生が『〇〇くんは最近勉強を頑張ってるね』って褒めてたよ」

このように、「第三者から聞いた情報」として伝えると、相手はポジティブな気持ちになるでしょう。

逆に、ネガティブな話が第三者から相手に伝わると、よりダメージが大きくなってしまいますので、噂話や怒りに任せた暴言や悪口には気をつけてください。

「A係長があなたのこと『なかなか成長しない』って言ってたよ」
「お父さんがあなたのこと『ちっとも勉強しない』って怒ってたよ」

自分が知らないところで悪く言われると、とても不快ですよね。

**良くも悪くも口コミが与える影響は大きいということを認識したうえで、相手を良い方向に動かしていける使い方を心がけましょう。**

「ウィンザー効果」で第三者から好意を伝えてもらうことは、多くの場合プラスに働きますが、学生時代、友人から「近くの女子高の○○さんがお前のこと好きらしいよ」と言われたことがきっかけで、急に彼女のことが気になって勉強がまったく手につかなくなったことがあったなぁ……なんて懐かしいことを思い出しました。

後知恵バイアス

# なぜ上司は、昨日と今日で言っていることが変わるのか？

## 「こうなると思ってたんだよね」と言いたくなるわけ

同僚が仕事でミスをしたとき、「あの人はいつかトラブルを起こすと思ってたんだよ」と言ってしまう、株式投資で失敗したあとに「やっぱり、あのときに売っておけば良かった」などと言いたくなる。

みなさんも、さまざまな場面で「こうなることはわかっていた」と言いたくなった、言ってしまったことがあるのではないかと思います。ですが、本当に最初から「わかっていた」のでしょうか？ それは正しい記憶でしょうか？

私たちはしばしば、最初からわかっていたと思い込んでしまうことがあります。この傾向を行動経済学では、**「後知恵バイアス」**と呼んでいます。

**何かが起きたあとで、または結果を知ってから、事前にそれを予見していたかのように思い、そんな自分の考えが正しいと考えるのです。**

あとから知った結果をもとに、結果を知る以前の自分の記憶を「以前から知っていた」と無意識に書き換えるわけですね。そうして自分の誤りを、棚上げします。そうすれば、あるべき姿（正しい判断を下せる自分）と実態の矛盾による不快感やストレス、即ち**「認知的不協和」**（287ページ）を感じることもありません。

心理学者のバルーク・フィッシュホフらが、1972年のニクソン米大統領の中国（北京）とソ連（モスクワ）への電撃的な訪問に関して、被験者に2回にわたって質問を行いました。

昔の話なのでひと言解説しますと、当時は20年以上続いていた冷戦の最中で、アメリカは中華人民共和国を国家として承認していなかったため、当時のニクソン大統領の訪問は、多くの人たちにとって驚くべきニュースでした。

この実験では、訪問前に、起こりうる仮説について「どのくらいの確率で起きるか」を推定してもらいました。仮説に含まれていたのは以下のような項目です。

- **ニクソン大統領は、北京訪問時に毛沢東と会談する**
- **アメリカは中国を承認する**
- **アメリカとソ連は重要事項で合意する**

そしてニクソン大統領の帰国後（結果が出たあと）にもう一度同じ被験者を集め、訪問前に答えてもらった質問を再度提示し、当時の自分が個々の質問について「何%の確率で起きる」と予想していたか、思い出してもらいました。

その結果、事実となった項目に対しては、過去に自分が考えた予測値以上に高い確率だったはずだと答えました。逆に事実とならなかった項目については、過去の自分は低く予測していたはずだと答えたのです。

つまり、**「実際に起きたこと」によって、自分の記憶が書き換えられ、あたかも訪問前から「そうなるとわかっていた」と思いたがる傾向があること**がわかったのです（＊13）。

# 「結果論」を語る人は言い訳ではなく本心である

スポーツ観戦でも、こうした例はあふれていますよね。

試合が終了したあと、「負けると思ってたんだよね」、あるいは「やっぱり勝ったね」などと口にする人を見たことがあるのではないでしょうか。

サッカー日本代表の試合では、負けると監督の戦術や選手交代などへの批判が相次ぎますが、勝つとそれまでの批判は吹き飛び、「信じていた！」「やってくれると思っていた！」と礼賛したりするものです。

このような人の話を聞くと、「なんて

都合のいいやつだ」と思うかもしれませんが、実は多くの人に備わっている性質です。あなたも例外ではありません。

これは他の心理的バイアスと同じように、無意識に働きます。**自分で自分の記憶を書き換えても覚えていない**わけです。

ですから、わざと嘘をついているわけではなく、「自分ははじめからそう思っていた」と、「心からそう思っている」のです。

## 変わると困ることは「記録」を残しておく

スポーツの試合結果であれば、言っていることがコロコロ変わっても誰かに迷惑をかけることはないでしょうが、これが仕事となると、ちょっと困ったことになります。

例えば上司から「AとBの仕事の進め方があるけど、今回はAでやって」と指示を受けたのに、その結果うまくいかなかった場合、「やっぱり、Bのほうがいいと思ってたんだよ」などと言われたら、「あなたの指示どおりにやったんですけど！」と怒りたくなりますよね。

「言った・言わない」という水かけ論になることを防ぎ、自分の不利益にならないためにも**仕事の場などで重要度が高い発言をする際には、記録をつけるといいでしょう。複数人で認識を共有しておくといった対策も良いかもしれません。**

Aのやり方に
しよう！
上司
Aって
言ったな
部下
部下
メモして
おこう
部下

相手の発言が変わったあとで、「あのときはこう言ったじゃないか！」と責めたくなるのは、よくわかります。しかし先ほども述べたとおり、記憶の書き換えは誰しもが悪意なく、無意識に行ってしまうものなのです。

また心理的バイアス以外で、**昨日と今日で気分や判断が変わるというのは自然なこと**です。毎日の状況、感情は常に同じではないので、「昨日はAだと思っていたけど、今日はBだな」ということもあります。食べたいものや着たい服、聴きたい音楽などが日々変わっていくのは、誰しも経験があるのではないかと思います。

別項目でお話したように、私たちは1日に3万5000回もの意思決定を行っているため、1つひとつを熟考すること自体が難しかったりもします。ですので、言ったことや思ったことが変わってしまうのも仕方がないことなのです。

そんな状況を避けたいのであれば、やはり、**大事なことは記録を残して言質を取っておくことが必要です。面倒ではあっても確実な方法でしょう。**

仏教の考え方に「諸行無常」というものがあります。私たちは常に変化しており、絶対のものはありません。

意見が変わってしまった相手を「やむを得ないことだ」と受け入れることも、時には必要なのではないでしょうか。

「後知恵バイアス」をはじめとした数々の心理的バイアスの研究結果は、**「人間は完璧なものではない」**ことを示している、とも言えます。

ハロー効果

# ごみを高級品に変える魔法のテクニックとは

## 詐欺師が「相手を思いどおりに動かす」テクニックとは

警察官を名乗る人物が、突然家を訪問してきたり、スマートフォンにビデオ通話をかけてきたりして、「あなたの口座が不正利用されている」「あなたの携帯電話が犯罪に利用されている」などと不安を煽《あお》る。

警察手帳や逮捕状を見せることで相手を信頼、動揺させ、「あなたの資産を保護する」「口座を調査する」などという名目で、お金を振り込むように要求され、送金してしまった。

SNSを見ていたら、有名な投資家の写真とともに「投資講座開催！」という広告が出てくる。

広告を開くとメッセージアプリのグループへの参加を求められ、投資家の助手を名乗る人物から、「○○さん（有名な投資家）もやっているから安心です、必ず儲かります」とFXや暗号資産への投資をすすめられた。最初はリターンがあったがしばらくすると滞り、利益確定のために出金を求めると一切連絡が取れなくなってしまった。

このような「警官詐欺」や有名人の名を語る「投資詐欺」が、近年急増しています。共通しているのは、**「権威」を利用して人を信頼させ、思いどおりに動かしている**こと。ここには、行動経済学の「ハロー効果」が使われています。

## 編集者は原稿の中身よりも肩書きを見ている？

**「ハロー効果」とは、何かを評価するとき、目立った特徴に影響される心理**を指します。ここで言う「ハロー」とは、英語のhalo、つまり聖像などの光背《こうはい》、後光、光輪を意味します。

**「ハロー効果」によって、権威や見た目、肩書き、業績など、目立つ特徴を持つ人への評価が変わります。**その特徴が後光のように全体を良く見せることによって、その他の部分までも優れているかのように感じさせるのです。

イギリスの心理学者、スチュアート・サザーランドは、全米図書賞を受賞した著名な作家の小説で実験を行いました。数年前の「全米図書賞フィクション部門」の受賞作品を準備し、まったく同じ内容の原稿を、題名をつけずに架空の著者名で、27の出版関係者に送付しました。

その結果、原稿を読んだすべての担当者は、凡作と判断し原稿を送り返してきた……というのです（＊14）。

つまり、権威ある賞を受賞するくらいの小説であっても、著名な著者、著名な賞の受賞作であることがわからなければ、評価されなかったというのです。このように、**私たちは物事を肩書きや知名度で評価しがち**なのです。

もう1つ、興味深いエビデンスを紹介しましょう。アメリカの心理学者、ハロルド・シガールとデビッド・ランディは、男性と女性で二人組（カップル）になってもらい、第三者である被験者に男性側を評価してもらう実験を行いました。

二人組の男性はどちらも同じ人で、女性は「自然な美貌を強調する上品な服装と化粧をした魅力のある容姿」と、「似合わないかつらをかぶって化粧をせず合わない服を着た、魅力のない容姿」の2パターンです。

すると、男性はまったく同じ人であるにもかかわらず、魅力的な女性とカップルでいる場合には、印象が良く好意的に評価されました（＊15）。

このとき、男女二人組がカップルではなく、単に一緒にいるだけだと説明した場合は評価は上がりませんでしたが、男女がカップルだとわかると、一緒にいる魅力的な容姿の女性に影響されて、男性の評価も上がったのです。

同じようなケースはたくさんあります。例えば、**医療関係者の白衣や警察官の制服などの具体的な「権威」を目の前にすると、人は彼らの指示に従ってしまいます。**その一方で、**白衣や制服を着ていなければ、医師や警察官を名乗る人でも信用できない**と感じます。

## ごみ同然だった黒真珠の価値が跳ね上がった理由

「ハロー効果」を最もよく説明している事例として、宝石ブランド「ハリー・ウィンストン」による黒真珠のマーケティングが挙げられます。

かつて黒真珠は、宝飾品どころか実用的な価値もなく、ほとんどごみ同然とされていたそうです。しかし、黒真珠がハリー・ウィンストンに持ち込まれ、ネックレスに加工されて高値で売り出されたところ、たちまちニューヨークのセレブたちに大人気

# 黒真珠が売れた仕組み

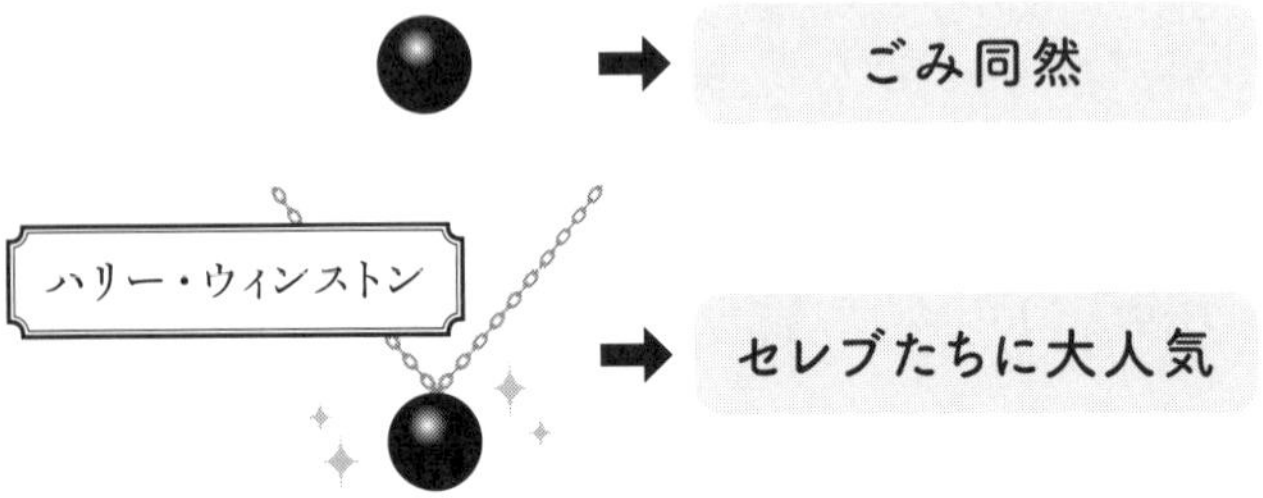


になったそうです。

黒真珠自体に価値があった、黒という色が魅力的など、理由をこじつけることはできると思いますが、簡単に言ってしまえば、**「ハリー・ウィンストン」というブランドがあったからこそ売れた**のです。

このように、「ハロー効果」は、詐欺を働く犯罪者から高級ブランドまで、さまざまなところで活用されているバイアスです。

今では、世の中の多くのプロモーションに著名人が使われています。また健康食品や健康器具などの通信販売では、大学教授などによる〝お墨付き〟コメントがしばしば使われます。

これらは典型的な「ハロー効果」の活用です。

私たちは、憧れの芸能人がおすすめしている、使っている商品やブランドを高評価してしまいます。たとえ本来の研究とはあまり関係のない学者であっても、○○大学教授などの肩書きとともにポジティブなコメントがあると、その商品の効果やメリットが保証されているかのように受け取ってしまいます。

また、企業のホームページには、取引先として実績のある有名企業の名前が列挙されていることがあります。あえて取引先の有名企業の名称やロゴをズラッと並べることで、**まるで大企業や有名企業がその企業をおすすめしている**かのように映り、その企業に対する信頼度は高くなります。これもまた、「ハロー効果」を利用していると考えていいでしょう。

そして、企業のイメージが良くなれば、その企業の商品やサービス、働いている社員、運営する店舗など、企業全体が良いものに思えてきたりするのです。

## 「ハロー効果」で自分の意見を通しやすくするテクニック

このように、「ハロー効果」には人に幻想を抱かせたり、信頼させたりする効果がありまます。うまく活用すれば人との交渉や、自分自身のブランディングにも活かすことが可能です。

まずどんな人であれば信頼できる、感じが良い、仕事ができると思えるかを考えてみましょう。その中で自分もできそうな要素を探します。そして、**その要素を「目立つ特徴」になるようにして、自分の印象全体を上げる**のです。

いくつもの要素に注力するよりも、一点集中のほうがいいでしょう。「悪目立ち」してはいけませんが、他の人よりも際立って「目立つ」ことは必要です。

例えば、「できる営業マン」の中には、次のようなことに注意している人もいます。

**○スーツをきれいに着こなしつつ、一点（ポケットチーフなど）特徴を持たせる。**
**×サイズが合っていなかったり、ヨレヨレのスーツを着たりしている。**
**○肌や髪、爪など、目につくところをきれいに整える。**
**×肌の手入れはせず、爪や髪も伸びっぱなしになっている。**
**○字をできるだけ丁寧に書く。**

**×殴り書きのように適当に書く。**

外見を整えること以外にも「ハロー効果」の活用法はあります。

例えば、自分の提案を通したい、自分のイメージや信用をアップさせたいときに、**誰かの権威や肩書き、データ、世間の評判などを使う**方法です。

ただし、用いる権威やデータに誤りや嘘があると、それがバレたときは逆効果になるので注意してください。

**「この企画は○○部長からも賛同していただいているのですが」**

**「最大手であるB社の調査でも良い結**

**果が出ています」**

**「□□ランキングで人気第1位なのですが」**

また気になる誰かを食事に誘うときも、「世間の評判（グルメサイトの評価）」を利用してみると、相手から良い返事を得られるかもしれません。

**△「この近所においしいイタリアンがあるんだけど、行かない？」**

**○「この近所においしいイタリアンがあって、食べログでも評価4・0なんだけど、行かない？」**

「ハロー効果」はあまりにありふれていて、私たちも知らず知らずのうちに使ったり、影響を受けたりしています。

私たち自身が**「ハロー効果」に過度に引っ張られない**ことも大事です。

好みの芸能人が宣伝しているから、有名人が推薦しているから選ぶのではなく、**自分にとって良いものだから選ぶ**べきですね。

見た目が良いからその人の話すことが正しい、とは限りません。警察官の（ような）制服を着ているからといって、無条件に信頼してはいけないのです。

だます側にとって「ハロー効果」は意外に手軽で便利な道具なので、私たちは引っかからないようにすることが大切です。

そのためには、見た目や上辺だけでなく全体を評価するべきでしょう。**印象だけでなく事実関係を確認する冷静さを持てると、より良い選択ができる**と思います。

# 私たちは「変化しないもの」に安心感を覚える

## 自分の「キャラ設定」をなかなか踏み外せない理由

あなたはまわりから、どんな人だと思われているでしょうか？「真面目で丁寧」「穏やかで人当たりが良い」「行動的で明るい」など、いろいろなパターンがあると思います。

このいわゆる〝キャラ設定〟が一度定まってしまうと、踏み外すのにはちょっと勇気がいるものです。例えば、「真面目で丁寧」だと思われている場合、さまざまな場面で「ちゃんとしなきゃ」と思ってしまいますよね。

過去に自分の取った行動は記憶に残っています。それらと相反する行動は取りにくくいものです。自分のキャラクターを無意識に維持してしまう理由にも、行動経済学が関係しています。

## 小さな要求を受け入れると大きな要求を断りにくくなる

**自分自身の行動、発言、態度、信念などについて、一貫していたいという心理は「一貫性の原理」と呼ばれます。**

人は、一貫性のある「ブレない自分でいたい」と思うものです。

これは過去の自分と現在の自分の間に生まれる矛盾、そこから生まれる不快感やストレスを避けようとする無意識の行動です。その矛盾は「認知的不協和」（287ページ）であり、「一貫性の原理」による行動は「認知的不協和の解消」と共通点があります。

スタンフォード大学のジョナサン・フリードマンらは、2つの住民グループに「〝安全運転〟と書かれた大きな看板」を庭に立てさせてほしいとお願いしました。

## 一貫性の原理

**実験**　庭に“安全運転”と書かれた看板を立てさせてほしいとお願いする

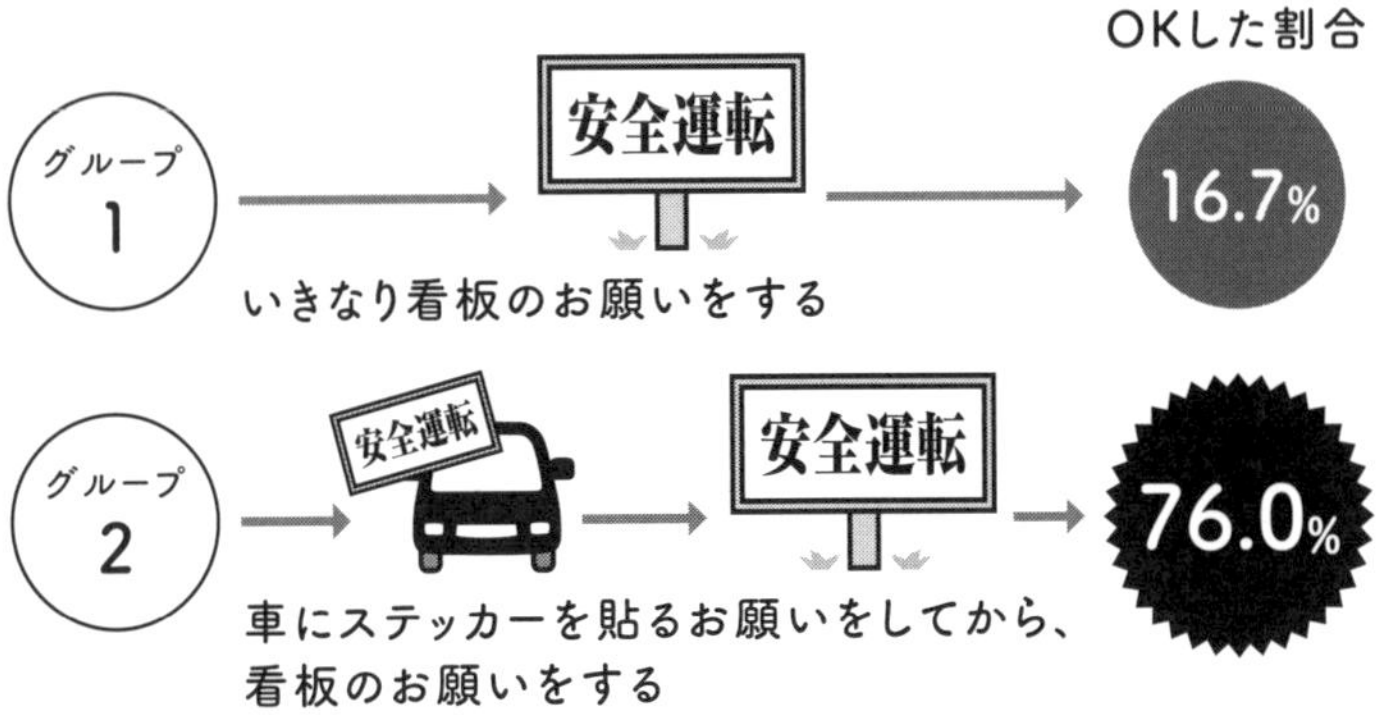


■グループ1　単純に、庭に看板を立てさせてもらいたいとお願いをする。

■グループ2　まず〝安全運転〟の小さなステッカーを車の窓ガラスに貼らせてもらうお願いをし、その2週間後に庭に看板を立てさせてもらいたいとお願いをする。

　お願いを受け入れた割合は、いきなり本命の要求をされたグループ1では16・7％だったのに対して、まずは小さなステッカー、そのあとで本命の看板を要求されたグループ2は、76・0％にもなったのです（＊16）。

　これには、一度承諾してしまったら、

次のお願いも承諾しなければならないと考える、「一貫性の原理」が働いています。

## 一度顧客になると、顧客であり続けようとする意識が働く

小さな要求にイエスと言ったあとだと、大きな要求にもイエスと回答しやすくなることを利用した営業手法は、**「フット・イン・ザ・ドア」**と呼ばれています。この名称は、訪問販売でドアを開けてくれた相手に対して、足を間に入れてドアを閉められないようにし、「1分でいいので、話だけでも聞いてください」と懇願する行為からきています。

本当に1分話を聞くだけで終わるならいいのですが、売る側は、**まず受け入れられやすいお願いを承諾してもらったうえで、徐々に要求の度合いを強めていく**ことを目論んでいます。

また、一度「買う」という決断をした顧客は、そこに一貫性を持たせたいと考えるため、オプションなどの追加提案にも応じやすくなります。メインの契約ができたタイミングで、「こんな付属商品もあるのですが……」と話をすると、格段に受け入れ

られやすくなるわけです。

このテクニックは、詐欺師たちもよく使っています。

投資詐欺などでは、「まずは1万円から始めてみませんか？」などと少額の投資を持ちかけます。**「まあ1万円なら、やってみるか」と相手が乗ってきたら、徐々に「もっと利益が出る商品があるんですが……」などと誘い、5万円、10万円……とどんどん金額を増やしていくのです。**

だまされる側には、一度受け入れてしまうと断りにくいという「一貫性の原理」が影響しています。

## 私たちは「一貫していない」からこそ「一貫性」を求める

「一貫性の原理」の背景には、無意識に一貫性のある言動をしようとする心理があります。

脳科学者の中野信子さんは、著書『新版 人は、なぜ他人を許せないのか？』（アスコム）の中で、「一貫性の原理」に関して次のように言及しています。

「『一貫性の原理』というネーミングにも面白い事実が隠されています。この背景には、**人間自身が本当は一貫していないという現実がある**のです。だからこそ、『一貫しているべきだ』という認知が働くことになったのです」

私たちはそもそも一貫していないからこそ、「一貫していなくてはならない」という考えに縛られてしまうということですね。

こうした考え方は、「人間は不合理な存在である」という行動経済学の考え方と通じるものがあるように思います。

## 「一貫性の原理」で相手に「お願いごと」を聞いてもらう

「一貫性の原理」を営業担当者がセールスで取り入れる例を紹介しましたが、普段の生活や人間関係にも活用することが可能です。

**本当のお願いをする前に、ほぼ確実に「イエス」と答えてくれる質問、お願いを積み重ねていくと、最終的には、こちらの要求を聞き入れてもら**

**いやすくなります。**

いきなりデートに誘っても、うまくいく可能性は低いかもしれませんが、次のような流れでお願いを受け入れてもらう状況が続けば、「良かったら今度食事でも……」という提案にもイエスを引き出しやすくなるでしょう（もちろん相手次第というところはありますが）。

■**まずは共通の趣味を通して何か貸してほしいと頼む（本や漫画、ゲームなど）**
←
■**連絡するためにLINEなどを交換してほしいと頼む**
←
■**借りた本などが面白かったので感想を話したいと頼む**

ちょっと応用すると、「悩みをしおらしく相談する」「頑張っている自分を演出する」という方法もあります。

営業でも、「1分だけでいいので話を聞いてほしい」の前に、**「まだ新人で全然契約が取れていないんです。まずは練習が大事なので、どうか1分だけでも話をさせてください」**と言うと、イエスを引き出せる確率が上がるでしょう。

先ほどのデートに至る要求で言えば、「最近、あまり新しい本を読めていなくて。何かおすすめはありませんか?」などと切り出すと、相手の好きなものや興味も聞き出せるので、その後の小さな要求につなげやすくなると思います。

この場合は「アンダードッグ効果」の心理も働きます。これは、劣勢または不利な立場の側を応援したくなる心理です。アンダードッグとは、負け犬、負けそうな人を意味します。

運動会の徒競走でビリでも一生懸命に走る子をみんなが応援する、オリンピックで弱小と呼ばれる国を応援するなどの現象は、この心理によるものです。

「フット・イン・ザ・ドア」の入り口でこの心理を働かせれば効果は高いでしょう。

交渉や依頼で「一貫性の原理」を働かせるためには初期段階が重要です。

仕事で相手に手伝ってほしいことがある場合ならば、**まずは軽い作業からお願いしてみて、次にもう少し負担がかかる作業をお願いすると、引き受けてもらいやすくなる**でしょう（逆の立場になると、あまり手伝いたくないと思っている場合は、小さなお願いも引き受けないほうがいいということになりますね）。

「一貫性の原理」は悪用もできてしまうので、相手をだますような使い方はしないこと、だまされないように注意することも必要です。

# 第 3 章

# 「怠惰な自分」を最適化する方法

現在志向バイアス

# 「1年の計は元旦にあり」は行動経済学的に誤りだった

## 立てた目標に挫折してしまう理由

「1年の計は元旦にあり」と言われますが、みなさんは年始に何か「今年の目標」を立てたでしょうか。

**「今年中に10キロやせる」**
**「年間100万円貯金をする」**
**「資格試験合格を目指して勉強をする」**

そんな目標の数々は、予定どおりに達成できましたか？

ちなみに私は、毎年年明けに「今年こそこれをやろう！」という目標を立てていますが、だいたい途中で挫折してしまい、ほとんど達成できたことがありません。

詳しくは後述しますが、これには人間に共通の「習性」が関係しています。


例に挙げた、健康や美容のためのダイエット、お金を貯めるための節約、試験に合格するための勉強……。

どれも現時点よりも先の利益を得るための行動ですよね。

一方、目の前のお菓子を食べる、ネットで服を購入する、勉強のテキストを閉じてオンラインゲームをするなど、目標達成を妨げる誘惑の数々は、今この瞬間に手に入る利益です。

**私たちはしばしば、「将来手に入る利益」よりも、「目の前にある利益」を優先してしまいます。**「やらなきゃいけないのはわかっているけど、とりあえず後回しにして今はこれを楽しもう」と思ってしまいます。
これを**「現在志向バイアス」**と言います。

「先送り」にまつわる一連の行動には、「現在志向バイアス」以外にも、さまざまな行動経済学の理論が当てはまります。

■**現状維持バイアス（315ページ）**……変化を避けて現状を保とうとする心理。変わることによる損を避けようとする（例・今の仕事に不満はあるが転職の決断ができず、同じ会社に居続ける）。

■**決定麻痺（16ページ）**……選択肢が多すぎて決断を先送りしたり、決断自体をやめてしまったりすること（例・携帯電話の料金プランを見直したいが、プランやオプションが多すぎて、結局変えられない）。

■**投影バイアス**……今の状況が延々と続くと見込み、リスクを未然に防ぐ発想にならない。

■**計画錯誤**……計画の見通しが甘いために達成できないこと（例・夏休みの始まり

には宿題の計画を立てるが、結局そのとおりに終わらずギリギリになる）。

このように、「ついつい先送りしてしまう」という行動には、さまざまなバイアスが影響しているのです。

## 目の前の利益を優先したくなるのは「原始人」の名残？

**「現在志向バイアス」とは、人が判断をする際に、未来よりも目先（現在）の利益を優先する傾向**を指しています。

目の前のおいしいお菓子を食べる「利益」と、そのお菓子を我慢して将来やせるという「利益」を比較すると、前者を優先してしまいます。

前者の利益を受け取ってしまうと後者の利益を得られなくなるとわかっていても、目の前の利益を求めてしまうのです。

その結果、目標を軽視したり、先送りにしたりしてしまいます。

このバイアスの影響を受けると、お金の価値判断が正しくできなくなることがあります。

次の3つのうち、あなたならどれを選びますか？

**①今すぐもらえる1万円**
**②1カ月後にもらえる1万100円**
**③1年後にもらえる1万1000円**

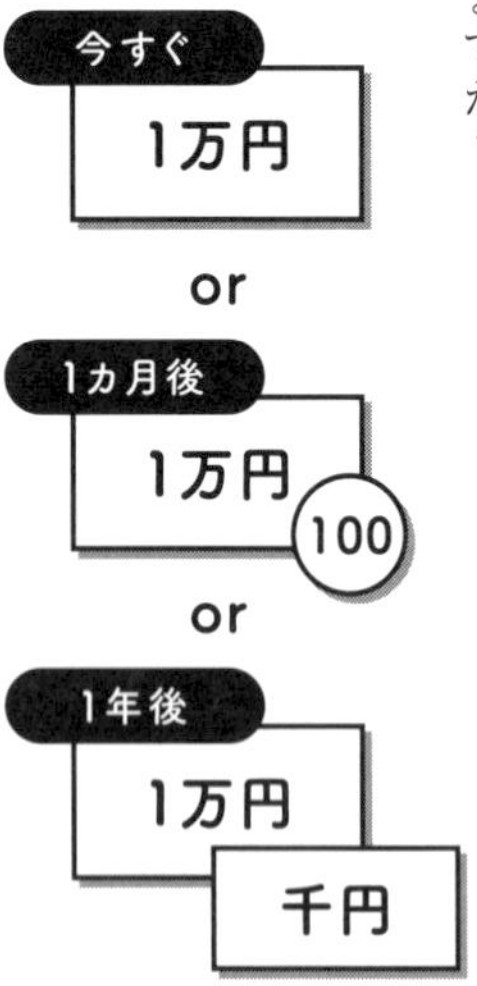


多くの人が①を選んだのではないでしょうか。

金融や投資の基礎知識がある人なら②か③を選んだかもしれません。②は1カ月あたりの利回りが1%、③は年間利回りが10%という計算になります。リスクなしでこれほど高利回りの運用ができること自体、ちょっと信じられないような話です。

しかし実際は、多くの人が将来の金額よりも目の前の金額を高く評価し、今すぐもらえる1万円を選んでしまうのです（そういう私も①を選んでしまうタイプです）。

ただ、「現在志向」であることは必ずしも悪いことではなく、かつてはむしろ当たり前のことでした。

文明が発達する以前の人間は、**いつ食べ物を口にできるかが不確実だったため、目の前に食べ物があれば「とにかく食べる」という現在志向は、生存するために十分合理的だった**わけです。

たとえそこまで空腹ではなかったとしても、食べられるときに食べておかないと、力の強い人に奪われたり、腐って食べられなくなったりするかもしれません。

そうした損失を回避するためにも、利益を受け取るタイミングは先送りせず、目の前にある食べ物を口に詰め込むことが「正しい」選択だったのです。

現代の私たちにも、きっと無意識のレベルで当時の習性が残っているのですね。

こうした私たちの「現在志向バイアス」を刺激するマーケティング手法はいろいろあります。


**「すぐに効果を実感！」**

**「会員登録完了後、すぐに使えます」**

## 「○時までの注文は即日発送！」

こういったフレーズは、「効果が実感できる期間には個人差があります」「仮会員登録後郵送で申し込み資料を発送します」「お届けまで約1週間かかります」といったフレーズと比べると、購入意向を高めます。

また、クレジットカードや電子マネーなどのキャッシュレス決済も、「現在志向バイアス」に一役買っています。現金で支払うと、その場で手元から物理的にお金がなくなりますが、**キャッシュレス決済ではその実感がないために、より多くのお金を使ってしまう**のです。

マサチューセッツ工科大学のドラゼン・プレレックとダンカン・シメスターの両教授による、イベントチケットのオークションの実験では、**クレジットカード使用のグループは現金使用グループの約2倍の金額を使ってしまう**という結果になりました（＊17）。

その場でリアルに現金を支払うという行動が伴わないため、お金を失う痛みが少なくなることが影響していると考えられます。

# 1週間の計は月曜日にあり

サボったり、先送りにしたりすることが必ずしも悪いわけではありません。

例えば、休憩や睡眠を削って目の前の仕事をクオリティ高く迅速に処理すれば、会社での評価は一時的に上がるかもしれません。しかし、長期的には健康を損ない、仕事自体ができなくなってしまう可能性もありますよね。

ですから、自分の健康をキープできるペースを把握したうえで、時には**サボったり、息抜きしたりすることも合理的な選択**と言えると思います。

もっとも、私を含め多くの人は、誘惑に弱く、何事も先送りしてしまいがちな自分をどうにかしたいと思っていることでしょう。

そこで、「現在志向バイアス」から逃れるためのアイディアを紹介しておきます。

その方法とは、**「やることや目標の解像度を高くする」**こと。

例えば、「1年以内に10キロやせる」という目標に挫折してしまうのは、1年という期間が長すぎるため、目標達成までの道筋がはっきりしないからです。まだ時間があるし……という甘えから、「明日からでいいや」「これが終わってからやろう」などと、行動を先送りにしてしまいます。

そう考えると、本項の冒頭で述べたように「1年の計は元旦にあり」は、行動経済学的には間違っているのかもしれません。

**1年ではなく、1カ月、1週間、1日という短い単位で目標を設定したほうが、今日やるべきことの解像度が高くなるため、目標の達成に近づくと言えるでしょう。**期間の設定は人それぞれですが、「1週間の計は月曜日にあり」くらいのスパンのほうが、現実的と言えるかもしれません。

実は、この方法を証明した実験があります。アメリカ、デューク大学のダン・アリエリー教授による、学生の校正アルバイトの実験です。

アリエリー教授は、対象者の学生を2つのグループに分けて、論文3冊を読んでス

| | グループA | グループB |
|---|---|---|
| 締切の設定 | 3冊をまとめて3週間後 | 1週間ごとに1冊ずつ |
| 見つけた誤りの数 | 平均72個 | 平均137個 |
| 締切に遅れた平均日数 | 13日 | 4日 |

➡ **締切を細かくしたほうが、多くの誤りを見つけられ、締切にも遅れにくい**

ペルや文法の誤りを3週間以内に見つけるよう依頼しました（3冊それぞれに文法やスペルの間違いが100個ずつある）。2つのグループでの作業の締切を変えたところ、表のように結果に大きな違いが出たのです（＊18）。

この実験の結果から、〝小さい締切〟を設けることによって、先送りによる遅れが減るうえ、作業の精度も上がることがわかりました。

目標の解像度を上げるには、このように目標を細かくすることが有効です。

これは**「1／100プランニング」**と呼ばれるやり方です。

まず「実現したいこと」を数値目標に変えま

す。その**目標の1／100を小目標に設定して、すぐに実践**します。

例えば、資格の検定試験に合格したいと考えたとき、過去問を300問解くことを大目標に設定したとしましょう。そこで1／100である3問解くことを毎日の小目標にするのです。

この方法は500ページの本を1日5ページずつ読むなど、さまざまなケースで応用できます。

大きすぎる、遠すぎる目標は、「今やるべきこと」の解像度が低いため、「現在志向バイアス」が働いてしまい、「明日からやろう」「時間ができたらやればいいや」という先送りをしてしまいがちになります。そうならないためには、「やるべきこと」を細かく分けて具体的なイメージを持ち、実行力を持たせることが大切です。

先ほどのダイエットで考えると、1年で10キロやせるということは、1カ月で約0・83キロ→1週間で約200グラム→1日で約30グラムです。**ここまで数字を細かく分けていけば、毎日どのくらいのカロリーを摂取するか、どんな運動をすればいいかという具体的な行動をイメージすることができますよね。**

仕事でもやり方は同じです。

「今週中にこの資料を完成させよう」と目標を立てたのであれば、月曜日に資料のための情報収集と調査、火曜日に情報に基づいたデータ作成、水曜日と木曜日でテキストの作成、金曜日に全体の見直しと微調整……というように、締切を細かく切って作業をしていくと、予定どおりに進められると思います。

## 「始められない」の重い腰が上がる裏ワザ

そうはいっても、まず「始める」ところで躓《つまず》いてしまう……という人もいるかもしれません。そんな人におすすめなのが、**「2ミニッツ・スターター」**という方法です。

これは、**小さな目標達成を積み重ねていくことで、最終的に大きな目標を達成する**ための方法の1つです。

何かをしなければならない際、次のような手順でスタートしてみましょう。

**①タイマーを2分にセットする。**
**②タイマーをスタートさせ、すかさず作業を開始する。**
**③2分後、タイマーが鳴ったと同時に途中でも作業をストップする。**

とにかくまず2分間やってみることで先送りを防ぐわけです。そこで少しでも作業を進められれば、完了するまでやり続けようとするバイアス「オヴシアンキーナー効

果」（223ページ）を良い方向に活用できます。

また、過去にかけた時間、費やした労力などに固執してしまうバイアス「サンクコスト効果」（197ページ）も役立ちます。少しでも取り組んだ成果を無駄にしたくないと思ってやり続けるのです。

ポイントは、**とにかくすぐに着手すること、締切などは意識せずに、具体的に行動すること**です。

たった2分でも取りかかれば、せっかく始めたのだからと続けるモチベーションも生まれます。また次の2分、4分、10分、1時間で何ができそうかも少しずつ見えてきます。道筋が見えてくれば、「次はここまでやろう」という現実的な設定もできるようになりますよね。

**一緒に取り組む人がいれば、その人に対して目標を宣言することも有効です。**「宣言効果」というバイアスを活用するのです。これは、自分の目標を他の人に宣言することで、その目標が達成しやすくなるという心理効果です。

アメリカのドミニカン大学で行われた研究によると、目標を書き出して友人に宣言した場合と、目標について一人で考えただけの場合では、前者のほうが目標達成率が約1・5倍も高まったという結果が出ています（＊19）。

自分で目標を確認し他人に伝えることで、あきらめにくく挫折しにくくなります。宣言することは自分自身へのプレッシャーにはなりますが、もし達成することができれば有言実行できた自分に自信がつきます。

宣言する相手がいない、他の人の力を借りるのが難しいなどの場合は、最近ではサボりを防止し習慣化を促すアプリもあるので、アプリなどのリマインド機能を活用するのもいいでしょう。

**人間は「解像度が低いと行動しない」ということを認識し、目標や締切を具体的で細かいものに落とし込む、そして2分でいいからやり始める、目標に向けた取り組みを宣言する。**これが、先送りを回避するためのコツです。

# 「やりたいこと」になかなか挑戦できないわけ

## 年々「新しいことへの挑戦」が難しくなるのはなぜか

あなたが、今の仕事を10年間続けてきたとしましょう。

この10年、あなたは時間と労力を費やし、まじめに仕事に取り組んできました。しかし、最近はあまり仕事にやりがいを感じられなくなり、本当に好きなことを仕事にしたいと考えることが増えてきました。

そんなとき、「今の仕事を辞めて、やりたかった業界に転職しよう」「自分で起業してみよう」などという選択をスパッと決断できるでしょうか。

もちろん年齢や自分を取り巻く環境（家族がいるかなど）、給料やそれまでのキャリアなどによって判断は変わるでしょう。ですが、もし制約があまりなかったとしても、多くの場合、「10年も続けてきた仕事を手放すのはもったいない」「これまでのキャリアを捨てて新しいことをやる自信がない」などと考えてしまうのではないかと思います。

このような、**「それまでに費やしてしまったコスト（時間、お金、労力など）に固執してしまう心理」は、行動経済学では「サンクコスト効果」と呼ばれます。**「サンク」とはsunk＝沈んだという意味の英語で、「サンクコスト」はまさに、沈んでしまって手元に戻ってくることはないコストを意味しています。

## 「ダメだ」とわかっていてもやめられない

「覆水盆《ふくすい》に返らず」ということわざは、失ったものを取り戻そうとしても仕方ないといさめる言葉ですよね。

人は、過去に失ったもの、もはや取り戻せないものに固執してしまう生き物です。過去にこだわってしまった結果、これから先の未来を合理的に考えられなくなることがあります。それが「サンクコスト効果」なのです。

この「サンクコスト効果」、先ほどの転職の場面以外にも、大小さまざまな例が身近にあります。

例えば、**「ダメな恋人とわかっているが、長年付き合っていてなかなか別れられない」**といった恋愛のケース、また**「何年も前から進めている大きなプロジェクトの雲行きが怪しいが、すでに人もお金も投資しているため、今さらストップさせることができない」**といったビジネスのケースも考えられます。

**「あと○○円分買えば、△%割引！」**

**「2点セットなら、送料無料！」**

日常の買い物でも、このように言われると、「そうしないと損をしてしまう、お金が無駄になる」ような気がして、欲しくないものまで買ってしまったりします。

# サンクコスト効果

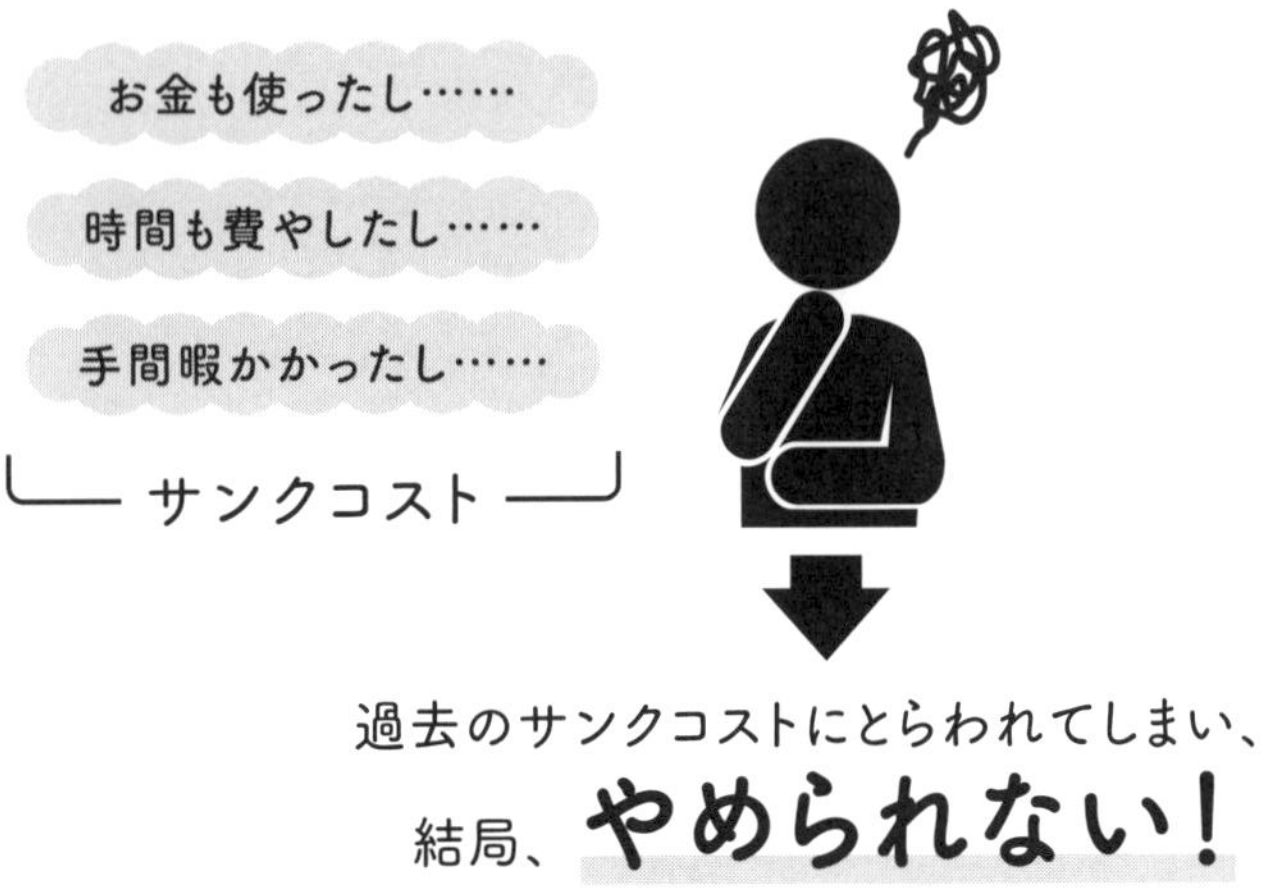
お金も使ったし……
時間も費やしたし……
手間暇かかったし……
サンクコスト
過去のサンクコストにとらわれてしまい、
結局、やめられない！

これも「サンクコスト効果」です。

割引や送料無料までもう一息と思うと、買い足さずにいられなくなること、誰でも経験があるのではないでしょうか。その結果、不要なもの、量が多すぎるもの、よく考えると使い道のないものを買う羽目になったりするわけです。

無料でもらった招待券で入場した映画なら、つまらなければ途中で出てしまえばいいと考えられますが、自分で買ったチケットとなると、なかなかそうはいきません。

たとえその映画が、自分にとって「ハズレ」だと途中で思っても、「すでに支払ってしまったチケット代がもったいない」と思い、最後まで観てしまうのです。

**頭では、早く切り上げて次の行動に移ったほうが時間を無駄にせず合理的だとわかっていても、一度支払って戻ってこないお金にこだわってしまうわけです。**

「サンクコスト効果」の例として有名なのは、かつてイギリスとフランスが共同で開発製作し、2003年まで運行されていた超音速旅客機、コンコルドの話です。

現在の一般的なジェット旅客機の時速が概ね900キロ（マッハ0・9程度）なのに対し、コンコルドはマッハ2を超える高速を誇り、パリ―ニューヨーク間を現在の半分近い時間で運行できました。また、そのために最適化されたデザインも未来的で人気でした。

当初は世界各国から100機を超える注文が入りました。ところが、開発を進めていくうちに、長い滑走路が必要、騒音やソニックブーム（衝撃波）の悪影響、100人ほどの乗客しか乗れないために運賃が割高、燃費が悪いなどの悪条件が判明します。

さらに、より経済的な大型旅客機の登場や普及もあって、キャンセルが相次ぎました。

結局、そのまま開発を続けても利益回収は見込めず、商業的に失敗するのが明らかになりました。すぐにプロジェクトを中止し、航空会社に違約金と賠償金を支払ったほうがはるかに安く済むことがわかったのです。

ところが、**それまでに投資した予算や時間、労力などのサンクコストを無駄にしたくないという判断から、すぐにプロジェクトの中止とはなりませんでした。その結果、最終的には数兆円規模の赤字に膨れ上がってしまったのです。**

この有名で大規模な事例から、「サンクコスト効果」は、別名「コンコルド効果」とも呼ばれています。

外国の話だと笑ってもいられません。日本でも、企業や国、自治体のプロジェクトで似たような例は山ほどあります。

多くの社員や職員が時間をかけて検討し、多額の費用を投入して進めた事業は、なかなか途中でやめられません。過去の労力や投資を無駄にしたくない（また、その責任を取りたくない）ため、採算の合わない事業だと気づいても継続してしまうのです。

国や自治体による不採算事業のツケは納税者である私たちに回ってきます。企業の失敗ならば社員や関係者全体、その企業の株主などが迷惑をこうむります。

「サンクコスト」を意識しすぎることによる悪影響が及ぶ範囲は、想像以上に広いのです。

## 「もったいない」がさらなる浪費のもとになる

**企業の立場で考えると、顧客にサンクコストを意識させると、より多くの支出を促せる**ことになります。

例えば、オンラインゲームなどでキャラクターのレベルアップや、アイテムの強化などに少しずつ課金をさせていくと、ユーザーは「ここまでお金と時間をかけて育ててきたキャラクターを捨てるのは惜しい」という意識が働くようになり、なかなかゲームをやめられなくなります。

出版業界における、いわゆる「分冊百科」も「サンクコスト効果」を巧みに利用している例でしょう。1巻目、2巻目……と取り組んでいるうちに、実は思ったよりお金がかかりすぎる、想像以上に完成までが長いと感じても、いったん買い始めたのだから途中でやめるのはもったいない、という意識が働くのです。

売り手はこの点をよく知っているため、特に創刊号は大きく値引きしたりすることで、とにかく一度体験させる＝始めさせるように努めるわけです。

何十巻も続いている漫画を途中でやめられずどこまでも読み続けてしまう、といったことも「サンクコスト効果」と言えます。

このような例は、枚挙にいとまがありません。

- 食べ放題で払ったお金の元を取るために、おなかがいっぱいでも詰め込んでしまう。
- 自分の足に合わなかった靴を「高かったから」と捨てられず取ってある。
- クレーンゲームで目当ての商品があと少しで取れそうだと感じると、取れるまでゲームを継続してしまう。
- 勤めている会社に強い不満があるのに、なかなか辞める決心がつかない。

本項の冒頭の話は、自分にとってのやりがいが感じられなくなっても転職や起業ができないという例でした。それどころか会社に対して明らかな不満があるのに辞められないというケースも多いようです。

それほどまでに、その会社で積み重ねてきた人間関係、肩書き、あるいは職場に慣れるために費やしてきた時間や苦労（＝サンクコスト）を無駄にしたくないという気持ちは強力です。客観的に見ると別の会社に早く移ったほうがいいのは明らかなのに、なかなか本人の重い腰は上がらないのです。

**「サンクコスト効果」は、表現を変えると「一度始めた物事をやめられない」状態を生み出す心理的バイアス**と言えそうです。

似たバイアスに、「オヴシアンキーナー効果（未完成で中断した作業を完了するまでやりたくなってしまう心理）」（223ページ）があります。これにより「途中でやめるのが気持ち悪くて、結局はやめない」といった状態になります。

また「現状維持バイアス（変化を避けて現状を保とうとする心理）」（315ページ）も似たバイアスです。その裏側には「変化することによる損失」を避けたいとい

## やめられない心理的バイアス

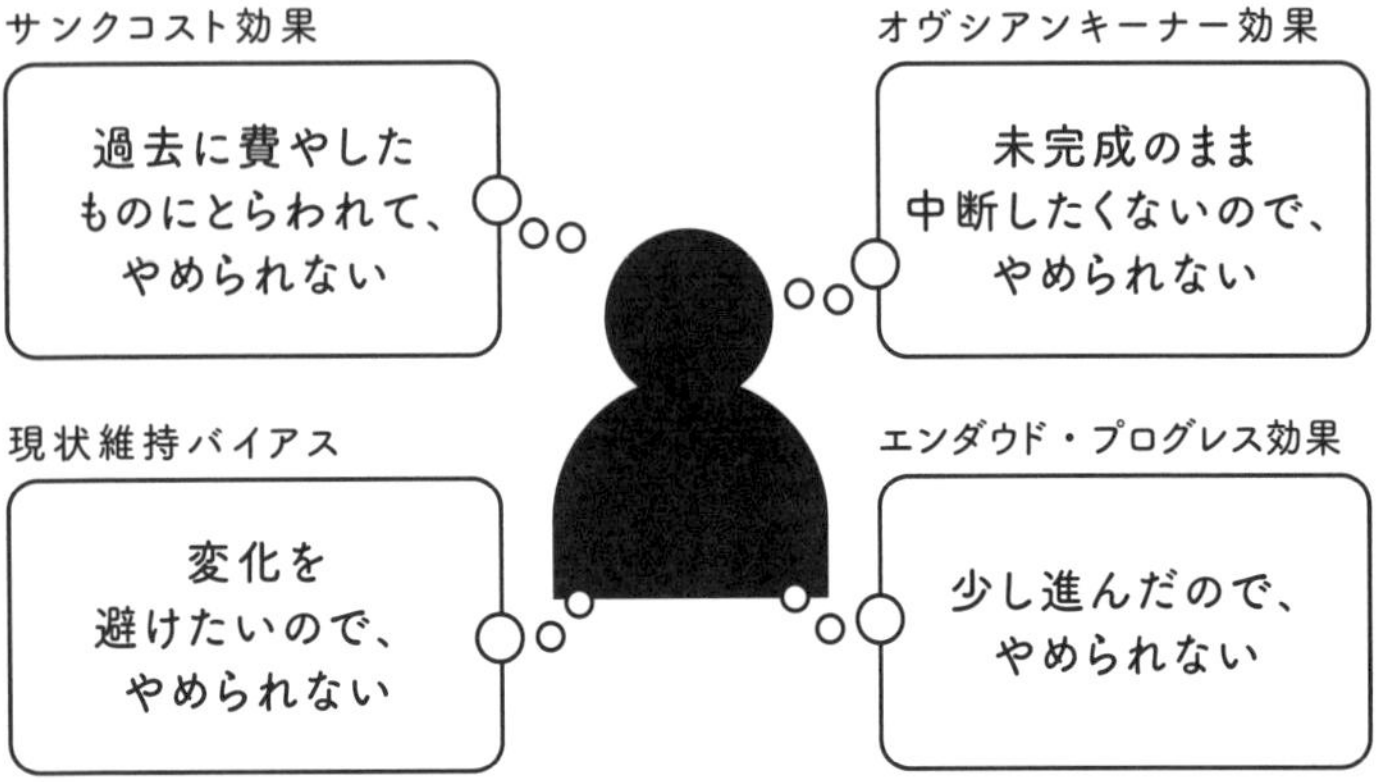


う心理があります。すでに始まっている物事に対して、「変化を避けて継続しよう」という判断になるわけです。

「エンダウド・プログレス効果」（233ページ）も近いバイアスです。こちらは、少しでも前進したと感じると、さらに進み続けたくなる心理です。「すでに始まっていることが継続意欲を生んでやめられない」状態になります。

このように、損得勘定やモチベーションに関するさまざまな心理が、過去のサンクコストを無駄にしたくない心理とあいまって、結果的にやめられない状態に陥るのです。

## 過去ではなく未来に目を向けること

実は、**「サンクコスト効果」は、時間が経過すればするほど消えていくとも言われています。**時が経つと過去にこだわる気持ちが減り、未来に目を向ける合理的な考え方に変わっていくのです。

とはいえ時間の経過をただ待つのではなく、自ら未来を見る努力が必要なことは言うまでもありません。

「サンクコスト効果」に惑わされないためには、現在の「得」だけに注目せずに思考を将来に広げるのもいいでしょう。全体を俯瞰することによって、今は見落としている「得」が見つかるかもしれません。

「あと1500円で送料無料！」と言われたとしても、未来のことを考えると、送料を支払ったほうがいいかもしれません。**大して欲しくもないのに買ってしまった1500円の商品は、未来においても不要だからです。**

ここまで「サンクコスト効果」の悪影響について述べてきましたが、この心理的バイアスは必ずしも悪いものというわけではありません。

**「捨てるのがもったいない」と感じるのは、自分がそれまでに積み重ねてきた時間や労力の価値に気がつくということでもあります。**

冒頭の転職の話で言うと、その仕事を続けていくと覚悟を決めることも、やりたいことに挑戦すると決意することも、選択肢としてどちらもありでしょう。どちらかが間違っているというわけではないですよね。

**踏み出したい気持ちと、それに**

**伴うリスクをできるだけ冷静に天秤にかけて、その都度、自分にとって最適だと思う選択をすべき**です。そうすれば、さまざまな場面での後悔を減らしていけると思います。

ちなみに、私自身も「サンクコスト効果」によって、過剰な「もったいない精神」を持て余してしまうことがあります。

過去にコストを払った結果、目の前にあるものは本当に価値があるのか。

今の状態や行動を今後も続けるべきか。

そんなときに考えるのは、**「限られた物だけを持って無人島に行くとしたら、それを持っていくか」「もし明日人生が終わるとしても、それをやるか」**です。

ちょっと極端ではありますが、参考にしてみてください。

# 「もう使わないもの」が捨てられない理由

## ポイントカードをつくらなかったことへの後悔

人気お笑いコンビ「かまいたち」のネタに「タイムマシン」というものがあります。「もしタイムマシンがあって、過去に戻って何か1つだけやり直せるとしたら何がしたい？」という、濱家さんの問いかけから始まります。そこで山内さんは「コンビニのポイントカードをつくる」と答えます。

最初に「ポイントカードをつくりますか？」と聞かれたときになんとなく断ってしまい、それから毎回「つくりますか？」と聞かれるものの、今カードをつくるとこれまでに得られなかったポイントを損した気持ちになってしまうため、意地を張って結局つくっていないというネタです。

「つくりますか？」とはじめて言われた日に戻って、ポイントカードをつくりたいと、レジで支払いをするたびに思うとのこと（オチはここでは割愛しますが、とても面白いネタなので機会があればぜひ見てみてください）。

このネタには、まさに行動経済学における「不合理な判断」がうまく表現されています。

## 「損をしたくない」気持ちが損を生む？

人がポイントを集めたくなる背景には、「保有効果」というバイアスが働いています。

**「保有効果」とは、自分が所有するものに高い価値を感じ、手放したくないと感じる心理**です。この心理は、123ページで少し触れた「損失回避」とも関連があります。

**「損失回避」とは、人が損失に対して過大に反応し、なんとしてもこれを避けようとする傾向**です。

## 損失回避の価値関数

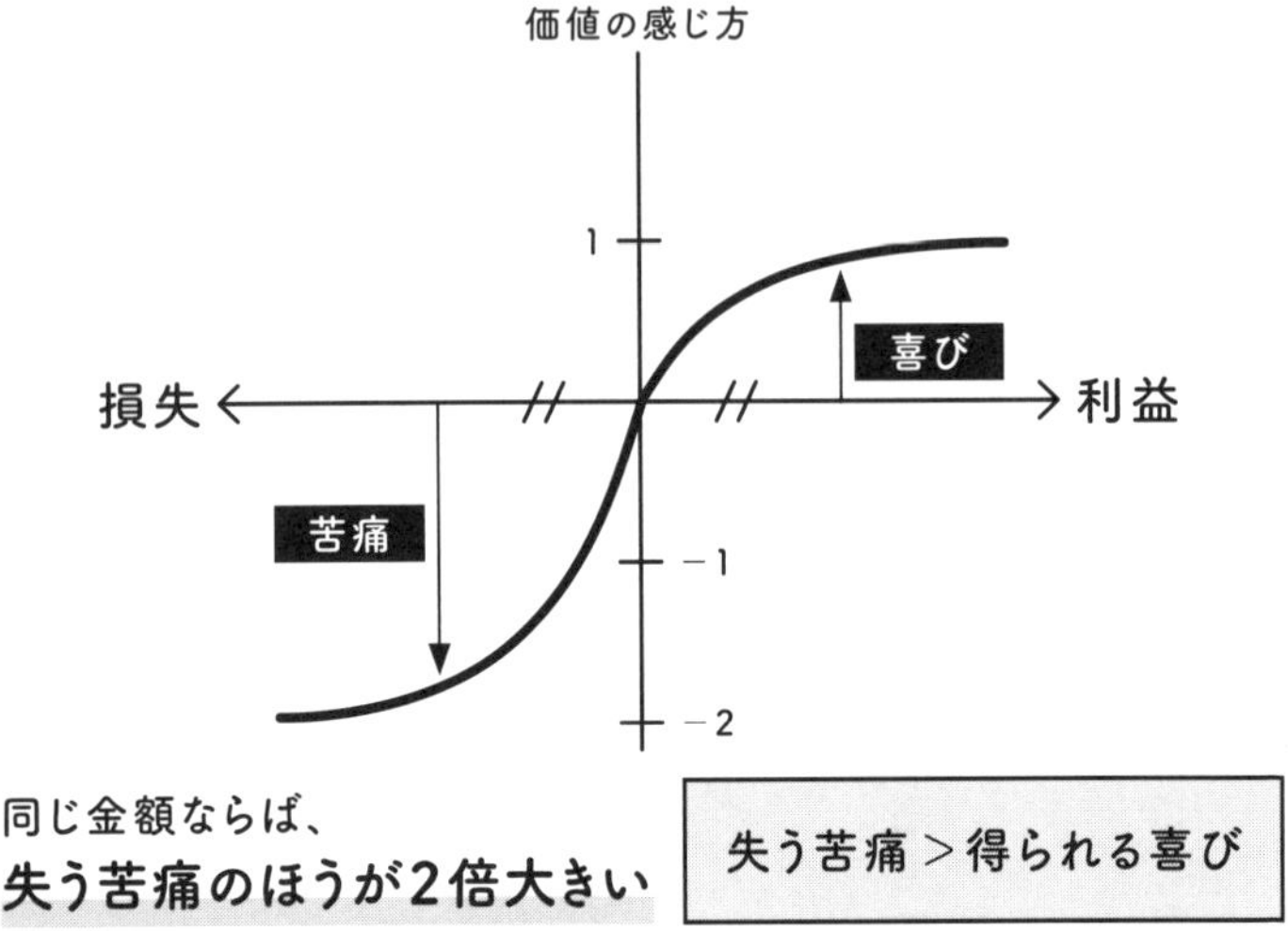


「保有効果」は、自分が保有する物事に対して、手放すことを損、手に入れることを得と捉えたときに生まれる心理です。元は「損失回避」と同じものと考えられます。

これらの心理を提唱したダニエル・カーネマンは、著書『ファスト＆スロー』（早川書房）で、「損失回避」を示すエピソードを紹介しています。

コイン投げの賭けの実験で、被験者に「コインの裏が出たら100ドルを支払い、表が出たら150ドルをもらえます。賭けをしますか？」

と尋ねたのです。
コインの裏と表が出る確率は、それぞれ2分の1で同じです。そしてもらえる額のほうが多いのですから、賭ければ得をする可能性が高いわけです。しかし実際は、被験者の多くが賭けを断る結果になりました。理由は、**100ドルを支払う悲しさのほうが、150ドルを得られる嬉しさよりも大きい**からです。
「スポットライト効果」（61ページ）のところで、限定顧客向けのサービス、希少な商品の限定販売などの例を紹介しましたが、この「限定」という言葉は「損失回避」で買いたくなる心理を生むキラーワードでもあります。

**期間限定：「本日限り○%オフ！」「今月末までの入会で入会金無料！」**
**地域限定：「当店限定販売」「名古屋限定販売」**
**個数限定：「限定200個のみ販売」「売り切れ次第販売終了」**

このような「限定」を強調したキャンペーンやキャッチフレーズを見ると、顧客は

**「限られたチャンスを失う」ことを「損失」と捉え、これを避けようとする「損失回避」が働く**のです。

その場の表層的な損失を避けようとするわけですが、無駄なものを買ってしまうことによる「本質的な損失」には目が向きません。結果的に、その商品が本当に必要なのか、本当に欲しいのかを考えずに買ってしまうのです。

このような損失を避けたい心理を逆に活用する事例があります。東京都八王子市が実施した大腸がん検査の受診促進策です。

大腸がんは日本人の死亡者数が二番目に多いがん（令和4年「人口動態統計（確定数）の概況」「厚生労働省」）であり、その対策として大腸がん検診による早期発見が有効です。

八王子市では、前年度の大腸がん検診受診者に対して、本人からの申し込みがなくとも自動的に「便検査キット」を送付していました。ところがキットを受け取っても受診しない人がいるため、はがきを送って受診を促したのです。その際の文言を2パターンつくり、実際に受診したかどうかを調べました。

**A　今年度受診すれば、来年度も検査キットがもらえます。**

**B　今年度受診しないと、来年度は検査キットを送付しません。**

同じことを言っているのですが、Aでは利得を、Bでは損失を強調しています。その結果、Aの受診率が22・7％だったのに対して、Bの受診率は29・9％と、**損失を訴えた文面のほうが受診率が高くなった**のです（＊20）。

## 無意識の「愛着」は危ない

一方、「保有効果」が働くと、人は保有するものに高い価値があると思い込み、手

放したくないと感じます。**愛着を感じ始めてしまうのです。**

この心理によって、一度保有したポイントに対しても、数字以上に高い価値があると思い込みます。その結果、なかなか使えずに貯め込んでしまうこともあります。わざわざポイントが貯まる店で買い物をし、結果的に店に囲い込まれてしまうといったことも起こります。

「保有効果」によって、よく起こりがちな問題は、「物が捨てられない」ことでしょう。

他の人から見るともう不要に思われたり、時代遅れに見えたりしても、本人は愛着を感じているため、いつまでも手放すことができなかったりします。

**不要なものを溜め込むことは、限られた住まいの中のスペースを無駄遣いしているのと同じ**です。それは、家賃の何パーセントかを捨てているのと同じなのです。

この他に、ソーシャルゲームで時間やお金を無駄に使ってしまうケースでも、「保有効果」が働いています。

ゲームの中で育てたキャラクターやチーム、獲得したランク、集めた装備品などが貯まっていくと、自分の「保有物」だと感じるようになります。愛着を感じることでなかなかゲームをやめられず、ダラダラとやり続けることになるわけです。

不動産契約などで、内見した物件について、「他にもこの物件を気に入っているお客様がいらっしゃるんですよ」「問い合わせが増えてましてて」などと、担当者が発言するケースがあります。

今すぐ申し込めば、確実に自分の家になる状況です。このときの**「他の人に取ら**

**れたくない」という気持ちも「保有効果」によるもの**と考えていいでしょう。
不動産業者は、この心理をうまく使って、契約を促しているわけです。

「保有効果」に似た心理に**「イケア効果」**があります。イケアとは、組み立て家具販売のあのＩＫＥＡです。ここで買う商品は持ち帰って自分でつくるものが多いのですが、その行動によって商品に愛着が生まれます。

このことから行動経済学では、**自分が手をかけ、時間や労力を費やしてつくったものに特別の愛着を感じ、高く評価する心理を「イケア効果」**と呼んでいます。自分の庭で採れた野菜、自分で調理した料理がおいしく感じるのも、この「イケア効果」によるものです。

## 「損失回避」「保有効果」「イケア効果」をうまく活用するには

**「保有効果」をうまく利用すると、相手に「愛着を持たせる」ことができます。**

例えばペットショップでは、「もし気になる子がいれば、1週間お試しができるので、おうちで一緒に過ごしてみてください」というサービスがあります。1週間も一緒に過ごすと、もはや「うちの家族」という気持ちになってしまうため、結局購入してしまうというわけです。

動物以外に車の試乗体験などでも同様の効果があります。

一度自分のものだと思ってしまうと、なかなか手放せなくなってしまうものですよね。この仕組みを強化するならば、お試し期間中の動物や車などに、仮の名前や愛称をつけてもらうといった方法も、「保有効果」を高めることでしょう。

アマゾンには、洋服やシューズ、バッグなどを取り寄せ、自宅で試着できる「Prime Try Before You Buy」というサービスがありますが、ここにも「保有効果」の仕組みが巧みに使用されています。

購入者からすれば、気に入った商品だけを購入し、いらないと判断した商品は無料で返送できますし、費用をかけずにサイズやデザインを実物で確認できるので、安心感が得られます。

一方の販売側からすれば、**顧客に実際の商品を届けることによって「保有効果」を発生させ、購買意欲を刺激する**ことができます。

このサービスの場合には、「社会的選好」（105ページ）も働きます。これは、自分だけでなく他人のメリットも価値と捉える心理です。商品を複数取り寄せたとしても無料なのですが、「さすがに全部返品するのは悪いかも……」という気持ちになり、購入を決める人もいるのではないでしょうか。

販売側からすると、**「お試し」などの機会を設け、一度顧客に体験させる、保有させることが重要**ということですね。

こうした心理は、生活のさまざまなところで活用することが可能です。

例えば、子どもにお手伝いをさせたい場合。たとえ子どもにとってつまらない家事でも、自分が手がけることで「イケア効果」が生まれます。また、苦手な食べものがあった場合、一緒に料理をすると食べられるようになるかもしれません。少なくとも「食べてみよう」とは思ってくれるでしょう。

**子どもにお手伝いや自主的な行動を促したいとき、「ポイント制」を使**

**う方法も考えられます。**

**■朝、一人で起きられたら○ポイント**
**■洗濯物を取り込んだら○ポイント**
**■晩ごはんの前に宿題を終わらせたら○ポイント**

貯まったポイントに応じてご褒美を用意したり、有効期限をつくったりしてもいいでしょう。「ポイントが無駄にならないように（損失回避）」期限までに貯めようと思ったり、「たくさん貯めてもっと良いご褒美が欲しい（保有効果）」という気持ちが生まれるかもしれません。

これらの心理的バイアスからは、保有する、つくるなど、「自ら関わること」による影響力を理解できたのではないでしょうか。ただし、**そこで生まれる感情が良い意味の「愛着」ではなく、悪い意味の「こだわり」になりうる点にも注意が必要**です。

例えば仕事などでの会議の場面です。アイディアを持ち寄るときに、「イケア効果」が働くとどうなるでしょう？

自分で時間をかけ、知恵を絞って考え出した案を、自分自身が過大評価してしまう可能性があります。自分の案の欠点が見えなくなったり、客観的な判断ができなくなったりするのです。

その結果、無理に自分の意見を押し通そうとしてしまうかもしれません。

このような状況を避けるためには、**アイディアや案に関して「自分がつくった」ということをいったん忘れ、「他人がつくったもの」として改めて良し悪しを判断する**といいでしょう。

また、自分が作成した案の完成前に、自分以外の人に見てもらい、ネガティブチェックをする方法も有効です。

「愛着」や「こだわり」は決して悪いものではありません。ポジティブに活用するためにも、客観性や冷静さを忘れないことが大事なのです。

オヴシアンキーナー効果

# タスク管理のカギは「やることリスト」のコンプリート

## 部下のタスク管理が絶妙だった理由

「あの仕事、どうなってる？」
「進捗状況はどんな感じ？」

管理職の方々がぶつかる壁の1つは、部下のタスク管理ではないでしょうか。こちらから聞かなくても、部下がしっかり仕事を進めて、自主的に報告をしてくれるのが理想だと思いつつ、なかなかそううまくはいかないものですよね。

私が働いていたシンクタンクと広告代理店で大きく違うと感じたのは、まさに「部下のタスク管理」についてです。

在籍当時の話ですが、シンクタンクでは、タスクの「チェックリスト」と「週に一度の報告」が非常に徹底して行われていました。

上司が部下に1週間分のタスクのチェックリストを作成させて、週末に送付させます。毎週月曜日には、チーム全体で各自のリストを見ながら進捗報告会を行うのです。

このチェックリスト方式、ビジネスパーソンとしては当たり前のように感じますが、これをしっかり行えば（上司が進捗度合いに厳しく突っ込むなど「しっかりやる」ことがポイントです）、個人やチームの仕事のレベルは確実に上がります。

また、このチェックリスト方式は、行動経済学の観点から見ても、とても理にかなった方法なのです。

## 一度始めてしまうと完成させたくなるのが人間の性《さが》

私たちは、何かを「コンプリートしたくなる」という欲求を持っています。

**これは、行動経済学で「オヴシアンキーナー効果」と呼ばれているもので、未完成で中断した作業を、完了するまでやりたくなってしまう心理を**

**指します。**

人は、何らかの欲求が未完了なままだと、一種の心理的な緊張状態になります。一方で物事が完了すると、緊張感が解消されます。そのため**無意識に、緊張感から解放されるために達成や完成を求める**のです。

シンクタンクでは、チェックリストという目に見える形で、タスクをまとめていました。1つの仕事が終わるたびにチェックを付けていくと、「すべての項目にチェックを付けたい（コンプリートしたい）」という欲求が高まります。

次回の報告までにチェックを完了させ

ようと仕事に励みます。思えば、完了による達成感を得ることが、仕事に取り組むモチベーションになっていたように思います。

子どものころ、夏休みにラジオ体操に参加すると、毎日1つずつスタンプを押してもらえました。すべてのスタンプを集めると、鉛筆やノートなどの景品がもらえたため、毎日早起きしてラジオ体操に行っていたのですが、それと似ている部分があります。

「オヴシアンキーナー効果」の実験として知られているのは、この効果を見出した、心理学者のマリア・オヴシアンキーナーが行ったものです。

28人の実験対象者に10種の簡単な作業（粘土を使った人形づくり、知恵の輪、パズルなど）を指示しました。合計280個の作業の約半分を、理由をつけて途中で中断するように求めます。その後の行動は特段指示をしないまま放置し、観察しました。

すると、中断後20秒以内にそれまでの作業を再開した割合は86％にも達しました（＊21）。

## オヴシアンキーナー効果

実験　簡単な作業を指示し、途中で中断するように求めて、そのまま放置する。

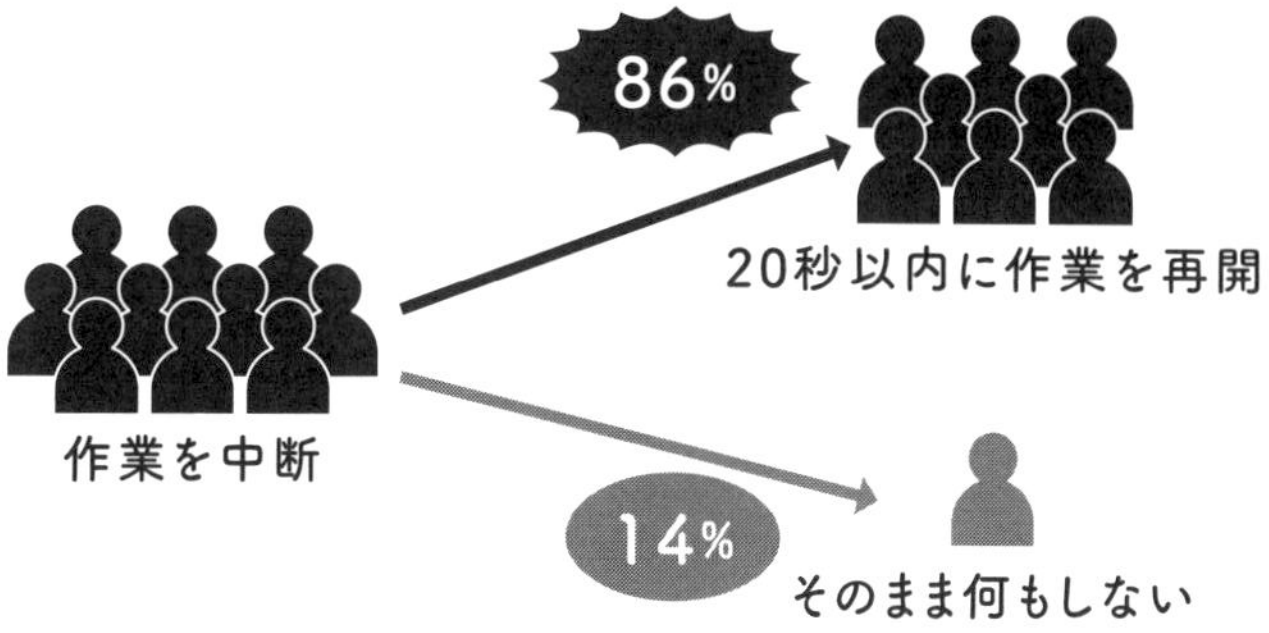


これは中断によって、作業の残りをやろうとする意欲が高まったと分析されています。つまり、**途中までやりかけたことは、やめろと指示されても「自分の意思で」最後までやろうとする**わけです。

## 「ちょい見せ」で顧客を沼に引き込む

企業側は、この「コンプリートしたい」「途中でやめたくない」という感情を、消費者にお金を使わせるために利用しています。

例えば、いわゆる「推し活」もその1つです。アイドルがジャケットのデザインが違うCDを数パターンリリースしたり、多数のグッズを発売したりするのも、推しのものならファンは全部集めたいと思うのを見越しているからです。アニメグッズやキャラクターグッズなどでも、同じような売り方がされていますね。

最近は、推しの写真やグッズ、関連アイテムなどを飾り付ける、いわゆる「祭壇」をつくってその写真をSNSにアップする風潮もあります。コンプリート中のグッズを披露して自己顕示欲を満たすことが、さらにグッズ集め行動を後押しします。

他にも、テレビのCMで情報を最後まで伝えずに、「続きはWEBで」と誘導するものがありますが、これも「オヴシアンキーナー効果」の活用です。

また、**情報を小出しにする「ティーザー広告」**も近い手法です。最初の段階では、ほとんど内容を明かしません。視聴者はわずかな情報しか得られず、全体像をつかめない状態になるため、先が気になってしまうわけです。

大ヒット映画『THE FIRST SLAM DUNK』では、事前にあらすじを一切公開しないというプロモーションで大成功を収めました。

動画配信サービスやウェブ漫画サイトで行われている「1話無料」「1巻無料」「試し読み」などのキャンペーンも同じです。

まずは「無料」をエサに視聴や購読を始めてもらいます。

**そこでコンテンツを面白いと思った見込み客は、続きが気になって課金をしてくれるのです。結果的に、「オヴシアンキーナー効果」によって長期的にお金を落としてもらえるわけです。**

## 「コンプリートしたい」気持ちをうまく活用するには

「オヴシアンキーナー効果」の利用方法に「アイディア発想」があります。

かつて20代で広告業界に入ったばかりのころに、先輩から『アイデアのつくり方』（ジェームス・W・ヤング、CCCメディアハウス）という本をすすめられました。著者はアメリカ最大の広告会社だったトムプソン社の常任最高顧問、アメリカ広告代理業協会の会長などを務めた著名人で、1965年の初版刊行以来、世界中で読まれてきた名著です。

その本にはタイトルのとおり、どうすればアイディアを生み出すことができるのか、具体的な方法が書かれています。そのプロセスは次の5段階です。

**①材料の収集：アイディアは既存の要素の組み合わせである。新しい組み合わせのために多くの材料を集める。**

**②材料の消化：収集した材料を組み合わせ、そこから関係性を見出そうと努力する。**

③孵化《ふか》：アイディアづくりを完全に放棄し、音楽や映画など、想像力や感情を刺激するものに心を移す（無意識の心が勝手に材料を組み合わせるのに任せる）。

④誕生：アイディアは探し求める心の緊張を解いたときにやってくる。

⑤検証と発展：生まれたアイディアが実際に活用できるか検証、修正し、さらに発展させる。

正直、この本をはじめて読んだときは半信半疑でしたが、とりあえず試してみたところ、少しずつこの方法でアイディアを生み出すことができるようになったのです。それから長い間、この方法を使ってきましたが、ずっと「なぜ有効なのか」、その理由がわからないままでした。

それを理解できたのは「オヴシアンキーナー効果」を知ったときです。最も謎だったのは「③孵化」の段階でしたが、実はこの「無意識の心が勝手に材料を組み合わせるのに任せる」という作業は、意識的に「オヴシアンキーナー効果」を発動させる方法だったのです。

**思考をあえて「中断」することで、無意識のうちに頭が働くように自分を仕向けていた**のです。無関係なものに想像力や感情を刺激されている間でも、自然と頭は回転しているわけですね。

この話を読んで、自分の仕事にはあまり関係ない、と思った方もいることでしょう。クリエイティビティは、特殊な仕事だけに必要なものだと思うかもしれません。

しかし、現代は多くのデスクワークを機器やAIが代替する時代です。人間でなければできないものの1つが、クリエイティビティを発揮する仕事です。創造することができなければ、人間の存在価値はなくなってしまいます。

例えば、新たなプロジェクトを通すときに誰から話をするか、部下のモチベーションを高めるためにどんな言葉をかけるかなど、ごく普通の仕事の中にも創造性が必要な場面は数多くあります。

ですから、私はあらゆるビジネスパーソンに創造力を持ってほしいと思っています。

あなたもぜひ**「オヴシアンキーナー効果」を活用して、アイディアづくりにチャレンジしてみて**ください。

エンダウド・プログレス効果

# 仕事を「キリのいいところ」で終わらせてはいけない理由

## スタートダッシュをスムーズに決めるコツ

みなさんは、1日の仕事を始めるとき、あるいはお昼などの休憩後のタイミングで、すぐに「よしやるぞ!」というスタートダッシュを切ることができますか?

また、1日の仕事を終えるとき、あるいは休憩を取る直前、「キリのいいところまでやってしまおう」「この作業を終わらせてから帰ろう(あるいは休憩しよう)」と考えたりしないでしょうか?

前項で解説した「オヴシアンキーナー効果」は、コンプリートしたくなる心理でした。未完成で中断したままでなく完了させたくなるというものです。

みなさんが行う作業が、「一度完結したら、二度とやらずに済むもの」であれば、この心理をうまく使い、勢いをつけて完了まで進めばいいでしょう。

ところが、日常の仕事や作業は、「一度だけ」「今日だけ」ではなく、続けて取り組まなければならないものが多くあります。

そうなると必ず「仕事の区切り」が生まれます。

仕事を区切りの良いところで終わらせて、「午前中の仕事は終わった！」「今日の仕事をやりきった！」というスッキリした気持ちで休憩に入ったり帰路についたりすると、気分的にも落ち着きますし、生産性も上がる気がしますよね。

しかし、実はここに落とし穴があります。

「キリのいいところまでやった」という状態は、「仕事がいったん終わった」という達成感や解放感につながります。実は、**その「スッキリ感」が翌日や休憩後の再スタートを阻んでしまう可能性がある**のです。

いついかなるときでも、スタートダッシュをスムーズに決められる方には無縁な話かもしれませんが、この「なかなか仕事のやる気が出ない」「集中モードに切り替えられない」問題の解決は、行動経済学にヒントがあります。

## 「キリの悪さ」が続けたい気持ちを生み出す

ヒントは、「エンダウド・プログレス効果」です。

**「エンダウド・プログレス効果」とは、ゴールに向かって少しでも前進したと感じると、モチベーションが高まり、進み続けたくなる心理**です。

この心理を理解する、わかりやすい実験を紹介します。

南カリフォルニア大学のジョセフ・C・ヌネスらは、一般の洗車場を使って実験を行いました。来場者は、1回の利用で1つのスタンプがもらえます。そこで、次の2種類のスタンプカードのうちどちらかを、それぞれ150人に配布しました。

A　8個スタンプが貯まれば1回洗車無料になるカード

B　10個スタンプが貯まれば1回洗車無料になるカード（ただし、事前にスタンプが2個押してある）

# エンドウド・プログレス効果

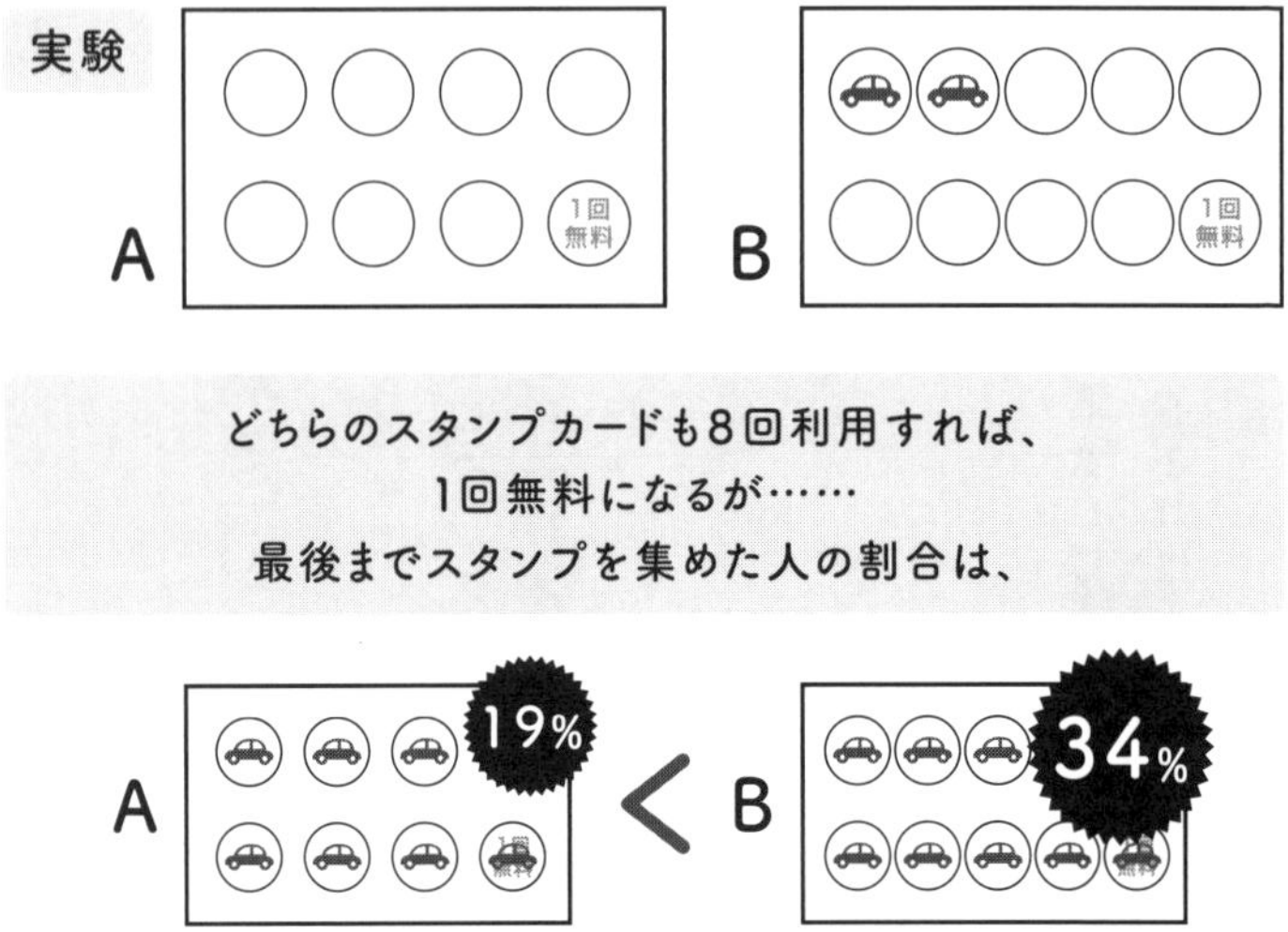


つまり、AもBも1回分の洗車無料を獲得するまでの回数は、「8回」で同じです。

その後3カ月間で、最後までスタンプを集めた人の割合は、Aが19%だったのに対し、Bは34%と、明らかな違いが生まれました（＊22）。

**スタート時にスタンプが2個押してあるだけで、集める意欲が高まった**ことになります。

カフェやクリーニング店などで、最初からスタンプが押されたポイントカードをもらったことはないでしょうか。

実質同じ特典であっても、あらかじめスタンプが押してあることで、顧客は「スタンプが2個も無料でもらえた」という心地のいい感情を抱きます。いわゆる「ポジティブアフェクト」が働きます。これにより、スタンプを集めよう＝利用し続けようという意欲が高まるのです。

また、**ゴールが近づいたり、終わりが見えてきたりすると、やる気や行動などに弾みがつくことを「目標勾配効果」**と呼びます。これも、同じような効果と言えます。

## 進捗状況の「見える化」がやる気を後押しする

どこまで進んでいるのかが可視化されたとき、思っていたよりも進んでいると感じるとやる気が出てきます。この点を上手に利用しているのが、**学習アプリやアンケート、ネット上の会員登録などで使用されている「プログレスバー」**です。

「プログレスバー」とは、タスクやワークの進み具合を可視化して、現在どのあたりにいるのかを示したもの。**あと少しで完了だとわかると、そのタスクやワークを最後までやり遂げられる可能性が高まります。**

ネット上の会員登録では、途中で面倒になって離脱してしまう顧客がいますが、入力のスタート時点で、以前に入力した名前などが書き込まれ、プログレスバーが少し進んだ状態になっていれば離脱の可能性は格段に下がるのです。

## 継続させるカギは「次回」を匂わせること

「エンダウド・プログレス効果」は、さまざまな場面で「初期の行動を勢いづける」ために活用できます。

本項の冒頭の仕事の例であれば、**ちょうどいい切れ目で仕事をやめるのではなく、わずかでもいいので次の仕事に取りかかっておく**ということですね。

仕事Aと仕事Bをやらなければいけない場合、仕事Aが終わってすっきりした気分で昼休みに入るのではなく、5分だけでも仕事Bに取りかかってから休憩をするのです。それだけでまったくのゼロ状態から仕事Bを始めるよりもモチベーションが高まり、スムーズに仕事に取り組めるというわけです。

**この方法は、1日の終わりにも使えます。明日すべき仕事に少しだけ取りかかっておくことによって、翌日の朝、スムーズなスタートダッシュを決められます。**

次の仕事に取りかかるのが難しい場合は、次回やるべきことを「タスクメモ」的に

まとめておくだけでもいいでしょう。あるいは最低限、次の仕事概要を把握しておくだけでも違いが出ます。

仕事以外では、例えばジムや英会話などの習い事でも使えます。

だんだん腰が重くなり、いつの間にか通うのをやめてしまった、という状態を防ぐためには、**その日のレッスンが終わるときに次回の予約をしておく**のです。

レッスンに通ってもらう企業側の立場であれば、レッスンの最中に「これは次にやるテーマなんですが……」という形で、次回の内容を「ちょい見せ」しておくといいでしょう。それが次回予約や次回の予定を決める行動につながり、継続のモチベーションになります。

仕事においても、**訪問時などに次回の提案内容を少しだけ話しておいたり、次回の約束を取り付けておいたりすると、関係性を継続していくことにつながる**でしょう。

また、他の人に新たな仕事を頼むときに、最初の作業だけ一緒に行うのも有効です。相手も一人でゼロから始めるより、取りかかりやすくなるでしょう。

恋愛でも、一度のデートで終了しないためには、「次はここに行こうか？　いつにする？」という話ができるといいかもしれませんね（相手次第ではありますが）。

ドラマの最後で流れる、思わせぶりなシーンばかりの次回予告も、視聴を継続させるための手法です。次につながるような「気になる」ことをつくるのが、継続のためには、とても重要だということです。

# 「失敗が怖くて挑戦できない」のは性格のせいじゃない

## 好きになっても告白できないのはなぜ？

学生時代に好きな人ができると、すぐに告白する友人がいました。

失敗も恐れずに告白する姿に、こんな質問をしたことがあります。

「告白して、フラれたらショックが大きすぎるんじゃない？　なんですぐに告白できるの？」

すると、友人はこう答えました。

「僕みたいにモテない人の場合、告白しなければ、好きな人と付き合える確率はほぼ0％。でも告白すれば、それが20％にも30％にもなる。**合理的に考えれば、告白しない理由はない**よね」

この回答を聞いて、なるほどと思いました。

確かに、告白するほうが付き合える確率が上がるのであれば、合理的な判断と言えます。でも、人はそんなに簡単に好きな人に告白ができないですよね。

世の中の人はどのくらい告白をするのかが気になり、アンケートデータを調べてみました。ある調査によると、好きな人に告白したことがある人の割合は約6割、残りの4割の人は告白をしたことがまったくないそうです（＊23）。

一方、同じ調査で面白い結果も出ていました。告白経験者のうち半数以上が**「これまでの告白成功率は5割以上」**と回答しているのです。なんと、半数の人は約2回に1回は成功しているということです！

好きなのに告白をしないままでいると確率はほぼ0％なのに対して、ダメ元でも自分からアタックした場合は半数の人が50％以上の成功率なのです。

告白することの成功率はかなり高いにもかかわらず、約4割は一度もしたことがないのは、なぜでしょうか。

ここに「合理的な判断ができない」という、人間の特性が出ています。

## 「やれば良かった」と「やらなきゃ良かった」

私たちは、何かの決断や選択をするとき、いろいろな感情や思い込みが合理的な判断を押し退けてしまい、行動を誤ってしまうことがあります（これこそが行動経済学の本質ですね）。

告白して、もし失敗してしまったら……。心が傷つく、恥ずかしい、相手との関係が悪化してしまうかもしれない。そんな**「やらなきゃ良かった」という後悔のリスクを負うくらいなら、何もしないほうがいい**と考えてしまうのです。

この現象を、行動経済学では**「後悔の回避」**と呼んでいます。やりたいことがあるのに、なかなかできずにいる人には、この心理が働いているかもしれません。

これと似た心理的バイアスに「損失回避」（210ページ）があります。これは、人が損に対して強く反応し、避けようとする傾向です。

ただし、後悔による精神的なダメージは、損失の場合よりも大きくなります。なぜなら後悔の場合、そこに至る経緯の中で自分自身が判断や決定をしているためです。**単に何かを失ったのとは違い、自分に責任があることが明確なのでショックが大きくなる**のです。

後悔には「行為後悔（やらなきゃ良かった）」と「非行為後悔（やれば良かった）」の2種類があります。

出来事の直後は「行為後悔」のほうがショックが大きいです。一方の「非行為後悔」は直後の精神的ダメージは小さいものの、時間が経っても薄れずに長く残りがちです。

例えば、告白して失敗した場合、「やらなきゃ良かった」と思うかもしれませんが、時間が経つと徐々に忘れてしまいます。なぜフラれたのか考えて、反省や改善をすることもできます。

一方で、告白しなかった場合は、大きなショックを受けることはないかもしれませんが、「やれば良かった」という気持ちを何年も引きずることになったりします。

それにもかかわらず、「失敗したくない」「後悔したくない」という感情から、行動しないことを選ぶ場合が多いのです。

**「やらずに後悔するならば、やって後悔するほうがいい」という名言がありますが、これも、「やらない人」が多いからこその言葉なのでしょう。**

## 「失敗したくない」がチャレンジを妨げる

「後悔の回避」の例として、転職について考えてみましょう。

転職希望者のうち実際に転職する人は、何パーセントくらいだと思いますか？

リクルートワークス研究所による「なぜ転職したいのに転職しないのか」（2023年10月19日）という調査では、「転職希望者の約87％は1年以内に転職していない」という結果が出ています。つまり、転職をしたいと思って、1年以内に転職に踏み切った人は、十数％ということです。これは、かなり少ないですね。

**「上司が理不尽で許せない！」**
**「同僚との人間関係がうまくいかない！」**
**「仕事の割に給料が安くてやる気が出ない！」**

このような不満を持ち、「こんな会社辞めてやる」「もうやっていられない」などと言いながらも、実際は転職をしないまま我慢している人が大多数なのです。

これはまさに、「後悔の回避」です。「もし新しい職場が今より悪い環境だったら」「人間関係がうまくいかなかったら」などのリスクばかりを考えてしまい、「転職しなきゃ良かった」という後悔を回避するために、「変わらないこと」を選んでしまうのです。

新しいことにチャレンジして失敗するのを避けようとして、現状を保とうとすることがあります。この判断は、**「現状維持バイアス」**（315ページ）と関連しています。「現状維持バイアス」とは、未知なもの、未体験のものを受け入れず、現状のままでいたいと考える心理的バイアスです。

**何らかの行動を起こさなければ失敗はしません。ゆえに結局、「やらない選択」をしがちなのです。**現状を変えず「何もしない」という判断をしてしまうわけですね。

この「後悔の回避」は、告白や転職などの決断だけでなく、日々の選択にも影響を与えています。

例えば、「ランチでいつも同じメニューを頼んでしまう」「新商品よりも、ずっと使っている商品を選んでしまう」というような日常生活の小さな選択もその1つです。

会社内での**「何か新しい改革をやろうとすると、リスクをあàだこうだ言われて反対される問題」**も、決断を下す側の心理に対する「後悔の回避」の影響です。

「**失敗したらどうするんだ?**」

「**今までうまくいっていたのだから、変える必要性がないだろう**」

「会社の伝統を壊すのか」

現実的には、変わらないことによるリスクのほうが大きいケースもあります。変化を恐れた結果「ゆで蛙状態」になることもあります。それにもかかわらず、目先の「失敗への恐怖や不安」が先にくると、変化を避けることが正しいかのような意見が生まれてきます。

さらに、人は自分の考えを一度決めると、それを裏づける理屈ばかりに注目するようになります。これは「確証バイアス」（305ページ）と呼ばれる心理です。これによって反対意見はますます強固なものになり、結果的に新しいチャレンジができない状態になるのです。

**こうした状況に陥る原因は、必ずしも性格や意思の弱さとは限りません。さまざまな心理的バイアスが絡み合った結果なのです。**

# 「後悔の回避」は投資のプロでも抗えない

投資のプロですら「後悔の回避」から抜け出すことは難しいという例があります。

ノーベル賞を受賞した経済学者のハリー・マーコウィッツは、過去のデータをもとに、リスクの抑制とリターンの獲得のバランスを計算して資産を配分する「平均分散法」の提唱者です。この理論でノーベル経済学賞を受賞しています。

そんな論理的なマーコウィッツ氏でも、自身の退職金の運用方法を尋ねられたとき、「将来の後悔を小さくするために、債券と株式に半々ずつ投資する」と述べたそうです（＊24）。

**債券と株式のどちらかに偏って投資すると、見通しが外れたときに後悔してしまいます。それを避けるために、単純に半分ずつ投資した**わけです。

ノーベル経済学賞の受賞者であっても、後悔を回避しようとするのです。

それほど、これは強い心理的バイアスなのです。

## ユニクロが定番商品ばかりをそろえている理由

**この「後悔の回避」という人間の特性をうまく活用してビジネスをしているケースは多々あります。**例えば、ユニクロです。

誰でも一度くらいは「たまには冒険してみたいかも」と、普段は着ないデザインや色の服を買った経験があるのではないでしょうか。しかし、ほとんど着ることがなくタンスの肥やしに……といった結果になってしまうこともありますよね。

そんな、服に対する「買わなきゃ良かった」という後悔を減らすための戦略を取っているのがユニクロなのです。

ユニクロのコンセプトである「LifeWear」は、「進化し続ける普段着」と定義されています（「普段着」がポイント）。

ユニクロには、極端に高価な商品はなく、品質は良くてもリーズナブルなものがそろっています。過度に流行を追った奇抜なアイテムはなく、色やスタイルもベーシックなものが基本です。

ユニクロが主に提供するのは、人から注目を浴びるような斬新さではありません。こうした商品提供の考え方は、世の中にかなり浸透してきました。これはまた、お客さん側のニーズにも合っています。多くの人が、ユニクロに「ベーシックと安定」を求めているのです。いつ行っても同じ商品が置いてある安心感、誰が着ても様になる定番のデザイン、そして買い物の失敗を最小限に抑えられる価格設定……。

**これらはすべて、後悔を回避したいという顧客心理を理解したうえでのビジネス戦略なのです。**ユニクロは、お客さんが将来後悔する要素をなるべく減らしてくれているわけです。私たちがリスクを考えずに買い物ができるようにしてくれている、と言うこともできます。

別の見方をすればユニクロは、人間の消費行動における「買いたい」という欲求だけでなく、**「買うことでの失敗を避けたい」という心理的ハードルまで理解して戦略づくりをしている**と考えられます。

ここには、誰でも真似できるポイントがありそうです。

## 「不安」や「リスク」を小さく分解する

新しいことにトライできない、やりたいことができない、変わらないといけないのに変われない……。そんな声をよく聞きます。

今は変化の速い時代です。仕事でも、昨日までの成功法則が、明日には通用しないかもしれません。そんなときに「後悔の回避」は障壁になる可能性があります。

では、私たちはどうすれば「後悔の回避」を取り除けるのでしょうか。そして、どうすれば新しいチャレンジの一歩を踏み出せるのでしょうか。

まずは、自分の判断も他人の判断も「後悔の回避」の影響を受けていると認識することです。

そのうえで、私がおすすめしたいのが、**後悔のもとになる「不安」や「リスク」を徹底的に分解し、それを言語化すること。**

「後悔の回避」が起きるのは、後悔を生むかもしれないと思っている「不安」や「リスク」があるからです。でも、この不安やリスクは、たいていの場合は解像度が低く、ぼんやりとした状態で存在しています。大きな、漠然とした不安やリスクだと、どう対策したらいいかわかりません。

そこで、この「不安」や「リスク」をどんどん細かく分解していき、「小さな不安」や「小さなリスク」にしていきます。そうすることで、「対策」があることに気がつきます。**小さな不安やリスクならば、対策を具体化できるのです。**

実はこの方法はスポーツ心理学で取り入れられているもの。スポーツ選手は、不安を感じると、実力どおりのパフォーマンスを発揮できません。失敗したときのことを想像して心身が萎縮してしまうからです。

そこで推奨されているテクニックが、不安な要素を細かく分解して言語化することです。

# 「後悔の回避」対処法

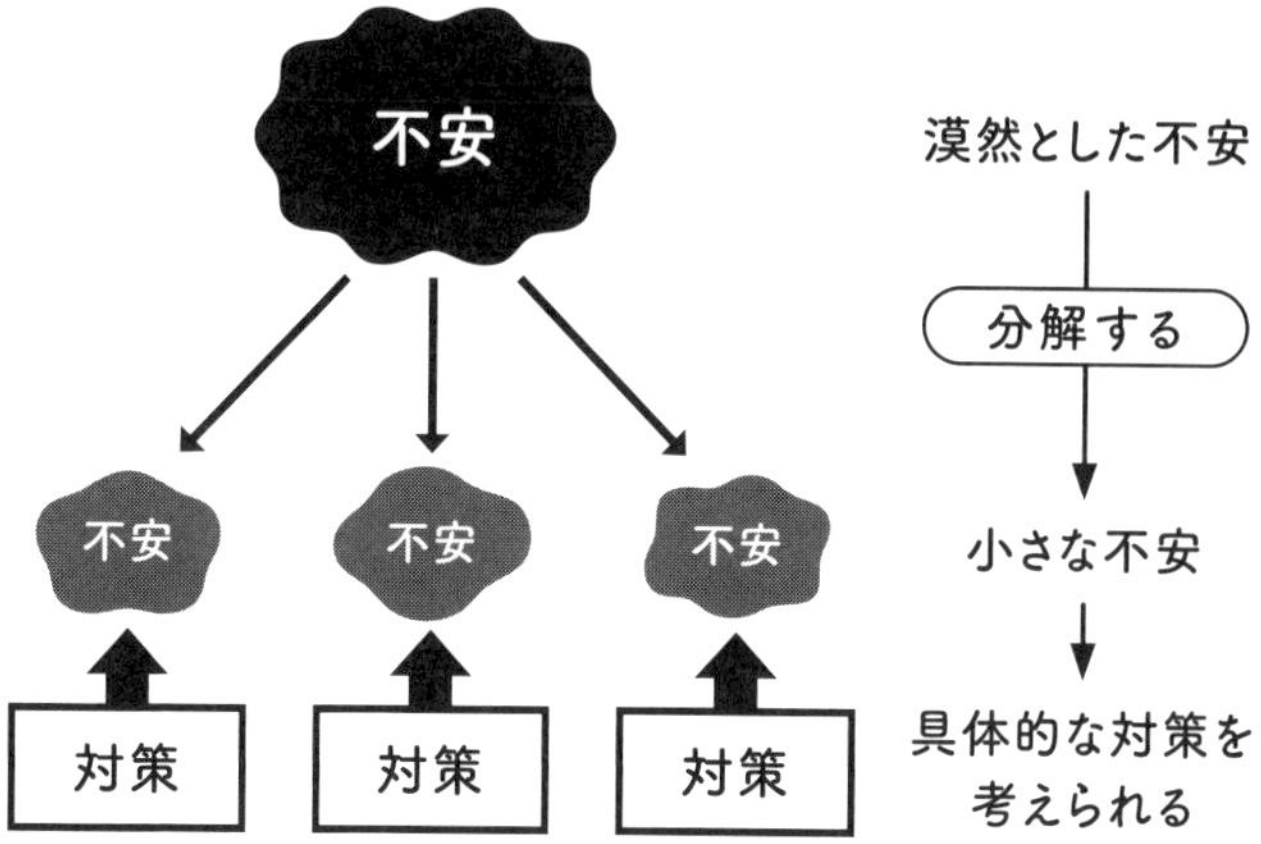


漠然としていた不安を分析し、根本的な原因がわかれば、対策を練ることが可能になります。やるべきことが具体的になれば、それに集中することで不安から解放されるのです。

この作業をすると**「対処法がない不安」、つまり自分ではどうにもできないこともはっきりします。**そうすれば、**自分ではどうしようもない不安は捨てる、といった気持ちの整理も可能になる**のです。

## 「やれば良かった」をなくすためには

この方法で、仕事に関するさまざまな不安も解消することができます。

例えば、取引先に新規案件を提案することになり、上司から「あなたにプレゼンを任せたい」と打診された場合。せっかく声をかけてもらえたのだからやりたいけれど、これまでに経験がなかったり、以前に失敗してしまったりしたことがあり不安……ということもあるでしょう。そんなときも、漠然とした「どうしよう……」という不安を分解してみるのです。

■不安に思っていること
- 何を話せばいいのかわからない
- 参加者にちゃんと伝わるだろうか
- うまく話せなかったらどうしよう

■なぜ、そう思ってしまうのか

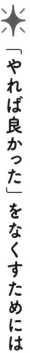

- 内容がまとまらない、資料づくりが難しい、話す順番が整理できない
- 質問に答えられない、つまらないと思われそう、批判されるのが怖い
- 緊張で声が震える、頭が真っ白になる、言葉に詰まる

■不安への対処法

- 先輩や上司にプレゼン資料のつくり方を教えてもらう、わかりやすい資料づくりの本などを読む
- 話す順番や内容を整理して、事前に同僚などに練習相手になってもらう
- 声の出し方や表情のつくり方を意識しながら練習をする
- 想定される質問と回答を事前に準備しておく

「後悔の回避＝現状のままでいいや」という気持ちの裏側には、不安やリスクを避けたいという気持ちが隠れています。

でも新しいチャレンジができないと、せっかくのチャンスを逃したり、あとになって「やれば良かった」と後悔したりする可能性もあります。

アメリカで80歳以上の高齢者を対象に「人生で最も後悔していることは何ですか?」というアンケートを取ったところ、なんと7割の人が「チャレンジしなかったこと」と回答したそうです。

**人生の終盤になって後悔するのは、失敗したことよりも「やらなかったこと」だということですね。**国が違っても、「非行為後悔」の精神的なダメージが長く残る傾向は変わらないのでしょう。

忙しい毎日に忙殺されて忘れていた「やれば良かった」「やりたかった」という過去への思いが、人生を振り返るタイミングに、大きな後悔となって蘇ってくることもあります。

そんな気持ちを抱え込まないためにも、自分自身も「後悔の回避」に左右されてしまう性質があると知るべきです。

そして新たな一歩を踏み出してみましょう。その際に不安をなくす具体的な方法として、**行動を躊躇させる不安要素を細分化、言語化、明確化して、1つず**

**つ対処法を考え実践する**という方法をぜひ、試してみてください。

# 第4章

# 私たちは、なぜ「自分は正しい」と思い込んでしまうのか

# 「ジャイアニズム」に潜む行動経済学とは

## 誰もが「自分は多数派で常識的だ」と思い込んでいる

「お前のものは俺のもの、俺のものも俺のもの」

これは国民的マンガ『ドラえもん』（小学館）の登場人物、ジャイアンの有名なセリフです。

ジャイアンと言えば、乱暴な性格で、作中ではのび太やその周囲の子どもたちをいじめるシーンを思い浮かべる方も多いのではないでしょうか。

そんなジャイアンの自己中心的で独裁的な行動は、〝ジャイアニズム〟と呼ばれたりします。

このジャイアニズムにも、行動経済学が隠れています。

ジャイアンが何の疑問も持たずに横暴な振る舞いをするのは、「自分の考えは誰もが納得する正しいことだ」と思っているからです。「正しいのは、いつも俺だ」というジャイアンのセリフもあるくらいです。

**「周囲の人々も自分と同じ考えを持ち、同じように判断する」と見なす心理を「フォールスコンセンサス効果」と言います。**

ジャイアンが自分の思いどおりにならないと怒るのは、周囲を傷つけたいというよりも、「自分が一番正しいし、まわりも同じように思っているはずだ」と思い込んでいるから、というわけですね。ちなみにフォールスは英語のfalse、つまり「誤り」で、コンセンサスは「意見の一致」を意味します。

この心理が働くと、**他人の気持ちを狭い範疇《はんちゅう》でしか考えられず、その隠れた心理を想像できません。**自分の意見や判断は「常識的、普通、多数派」であって正しく、自分の意見や判断と異なるものは「非常識、普通でない、少数派」だから間違っていると判断します。

『ドラえもん』におけるジャイアンの行動を見ると、常にのび太をいじめようとしているのではなく、むしろ（ジャイアンなりに）友だちでいようとする気持ちがあるようです。ですから、のび太がジャイアンの誘いを断ると、怒ったりするわけです。「フォールスコンセンサス効果」の根本には、「孤立したくない」「自分は他の人と同じでいたい」という欲求があります。周囲と同じであることに安心を感じるためです。

**問題は、「自分は周囲と同じだ」と感じるために、「周囲の人は自分と同じだ」と思い込んでしまう点です。**

ここでは、「確証バイアス」（305ページ）も働きます。一度自分の意見を決める

## フォールスコンセンサス効果

**実験**　学生104人に広告をぶら下げてキャンパスを30分歩くように依頼。そして、「同じことを別の学生に依頼したら、引き受けてくれると思うか」質問した。

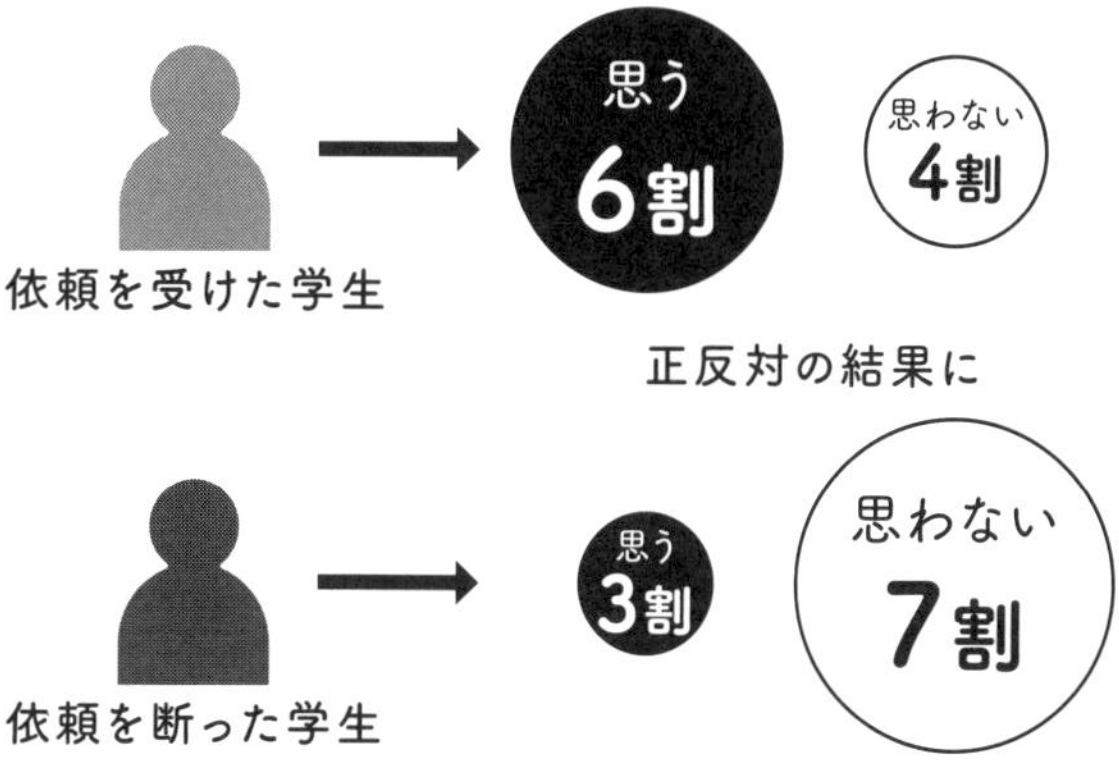


と、それを裏づける情報ばかりを集め、反対の情報を無視するというバイアスです。

この影響を受けると、自分の思い込みを正当化する事柄だけを思い出して、その結果、「フォールスコンセンサス効果」も強まってしまうのです。

「フォールスコンセンサス効果」を証明した有名な実験があります。

１９７０年代、スタンフォード大学の社会心理学者リー・ロス教授は、学生１０４人に、広告を自分の体に付けて（いわゆる「サンドウィッチマン」の状態）、キャンパスを30分歩くように依頼しました。この依頼を受け入れた学生と断った学生に分け、「同じことを別の学生に依頼したら、引き受けてくれると思うか？」と質問します。

その結果、依頼を受け入れた学生は「引き受けてくれると思う」が6割、「思わない」が4割でした。これに対して、断った学生は、「引き受けてくれると思わない」が7割、「思う」が3割と、正反対の結果になったのです。

つまり、多くの学生が、**「他の学生も自分と同じ選択をする」と判断した**のです。自分の考えは普通で常識的だと思う人が多かったわけです（＊25）。

## 「常識」も「確信」も人の数だけある

いわゆるZ世代の社会人の中には、上司への重要な業務連絡や欠勤連絡にＬＩＮＥなどのメッセージアプリを使うことを当然と感じている人もいるかもしれません。

しかし、上司は自分の過去の経験から、重要な連絡は電話や対面で直接「報・連・相」してほしいと思っていたりします。ここで互いの「常識」がぶつかり合ってしま

うのも、「フォールスコンセンサス効果」によるものです。

この心理を理解していないと、他にもさまざまな問題が起こります。

例えば、自分が新人時代に上司に飲みに連れていってもらったのが嬉しかったから、部下も同じ気持ちに違いないと考え、部下を無理に飲みに誘うといった行動です。

また、家族旅行の行き先を一生懸命考えたにもかかわらず、家族の意見と合わなくて反対されてしまう、といったことも起こります。**家族などの親しい間柄ほど、「相手も自分と同じ気持ち**

**のはずだ」と勘違いしがち**なので、注意が必要です。

この心理がやっかいなのは、失敗の原因がわからなくなってしまう点です。なぜ部下が誘いを断るのか、なぜ家族は旅行先の案を嫌がるのか、考えてもわかりません。**なぜなら自分の考えが正しいと思い込んでいるからです。**

私も30代のころ、仕事をする中でこうした失敗を体験しました。

広告会社で住宅の販売促進の仕事をしていたとき、クライアントの不動産会社が売り出す「高層マンション」の顧客ニーズを調査しました。しかし、出てきた調査データを見てもいっこうに顧客をつかまえるヒントが思い浮かびません。

実は当時、個人的に「高層マンション」があまり好きではありませんでした。だから、その魅力を理解できず、魅力を感じる顧客のニーズも解明できなかったのです。

**自分自身の感覚が万人に通じると思い込んでしまうと、「ニーズはない」といった間違った結論になってしまいます。**今から振り返ってみると、完全に「フォールスコンセンサス効果」に縛られた状態でした。

ビジネスの現場では、こうした失敗をよく見かけます。

コンサルティングの仕事で出会うクライアントが、しばしば「フォールスコンセンサス効果」にとらわれているのです。

例えば「自分の会社の商品は良いものだ」という思い込みが強すぎると、その商品における真の顧客ニーズを見つけられません。

「この商品はどれもこれも良いところばっかり！」といった勘違いも生まれてしまいます。そうなると、最もアピールすべき重要なウリが明確にならず、効果的なマーケティングや販売の戦略がつくれません。具体的な話で言えば、パンフレットや広告で伝えるべき項目の取捨選択ができなくなってしまうのです。

このように**「売り手」である自分の感覚と、「買い手」である顧客の感覚は違うものだという基本的なことさえ忘れてしまうのが「フォールスコンセンサス効果」の怖さ**です。

**自分が「当然だ」と思っていることを他人から否定されると不快になる**

**のも、「フォールスコンセンサス効果」によるものです。**

例えば、ダイエットをしていて、カロリーゼロの食品や飲み物にこだわっている場合。「カロリーを抑えながら甘いものも食べられてすばらしい！」と思って、他の人にもすすめたとします。

そこで誰かから、人工甘味料のリスクや栄養の偏り、食べすぎの危険性などについて指摘されたら、戸惑ってしまうのではないでしょうか。自分自身が否定されたような気分になるかもしれません。

最近は「選択的夫婦別姓問題」「解雇の自由化」「憲法改正」「マイナンバー制度の活用」などが話題ですが、どれも絶対の正解はありません。検討の際に、みなが「自分は正しい」と思い込んでしまってはまとまりません。**議論する場合は、「フォールスコンセンサス効果」が働かないように自制する**必要がありそうです。

現代では、情報収集の手段としてネットニュース、SNS、動画サイトなどが中心になっています。こうした情報は、その人の検索や閲覧の履歴に基づく「フィルター」によって絞り込まれています。いわゆる「フィルターバブル」ですね。

気づかないうちに同じような情報ばかりを見る状況がつくられているわけですが、そのような偏った情報は、偏った判断にもつながってしまいます。

情報収集において「タイパ（タイム・パフォーマンス）」が大事と考える人も増えています。時間をかけてたくさんの情報を探すことも、他の意見と比べることもせず、たまたま見聞きした情報だけで十分と考えがちです。

その結果、狭い範囲の情報で自分の意見を決めてしまい、自分と異なる意見があるということにも気づきません。自覚がないまま、自分の考えに固執するようになっていくのです。**「誰もが自分の意見にこだわる」時代であり、「フォールスコンセンサス効果」の影響は強まる一方だ**と言えるでしょう。

こうした状況では、議論するという行為自体が難しくなります。賛成でも反対でも、誰もが自分の考えは多数派だと考えているからです。否定されて、相手を攻撃したくなる人もいるでしょう。建設的な議論さえも、なかなかできない時代になってきたように感じます。

営業トークも難しくなっています。NGの話題として、昔から「野球と政治と宗教の話はするな」などと言われてきましたが、現代では、より多くの話題が意見が割れて揉めないために「NG」になってしまっているかもしれません。

## 「あなたはどう思う？」と聞くことに大きな意味がある

当たり前のことですが、そもそもみんなが同じ意見ということはあり得ません。
また、わざわざ「私はあなたとは違う意見を持っています」と言ってくれる人ばかりでもありません。その状況で自分の考えばかりを強く述べると、相手から反感や抵抗を示されたり、否定的な反応をされたりする可能性があります。

誰もが「フォールスコンセンサス効果」に影響されているという前提で、どのようにコミュニケーションを取っていくのが最善なのでしょうか。

1つの方法として、相手がどんな意見を述べてこようと、たとえ自分の考えとは正反対だったとしても、**いったんは「そうなんですね」と共感のクッションを置く**のがいいと思います。

心からそう思っていなくてもかまいません。**相手に「自分が受け入れられた、自分が正しいことを認めてもらえた」と思わせることが大事です。**そうすれば、相手は、その後に反対意見を言われたとしても、極端にネガティブな反応はしないはずです。

実はこれは、営業や商談におけるテクニック「応酬話法」の1つである「YES BUT法」の応用です。顧客と反対の意見を述べるとき、提案に説得力を持たせたいときに使われる営業トークです。これは、相手の心理状態を捉えたコミュニケーション法ですから、日常会話でも有効です。

またここでは、行動経済学における「返報性の原理（恩恵を受けたらお返ししようとする心理）」（103ページ）も使われています。

**相手の言葉に対して「共感のクッション」を置いて、受け入れられた感覚を持たせることにより、相手側からも「受け入れよう」という気持ちを引き出すのです。**

このようにすれば、双方が「フォールスコンセンサス効果」によって自分の考えに固執する状態を避けられます。

上司と部下、あるいは親子などの関係で相手の行動を導く場面でも、この方法は役立ちます。
その前提として、**自分の指示や依頼は相手の「常識」とは違うかもしれない、否定されるかもしれないという可能性を念頭に置いておく**ほうがいいでしょう。そのうえで、「フォールスコンセンサス効果」を和らげるような指示や依頼をするのです。

**×「取引先A社の件は、△△でやっておいて」**
**○「取引先A社の件だけど、どういうやり方がいいと思う？」**

このように、**いったん相手にとっての「正しい考え」を述べる機会を設けます。**押しつけを避けて、部下なりの意見を聞くのです、そのあとで、次のように本当にお願いしたいことを伝えます。

**「確かに、それもいい方法だね。今後のために検討したいけど、今回は△△でやってみるのはどうだろう？」**

**一度受け取って検討したというひと手間、数分のクッションを挟むことが「フォールスコンセンサス効果」の緩和につながる**のです。

もちろん、部下の考えが素晴らしいこともあると思います。その場合は、しっかり褒めて部下の考えを採用すればいいでしょう。

他人の意見を受け入れることは、自分だけでは考えつかないような、新しい視点を得られるチャンスでもあります。

**「自分の考え方が正しいのだ」と固執してしまうと、その機会を逃し**

**てしまい、自分自身の成長にとってもマイナスになってしまいます。**

「正義の反対は正義」などと言われるように、世の中には、「誰にとっても絶対的に正しくて変わらない正義」などというものは存在しません。「自分と他人は違っていて当たり前」という認識を持ち、歩み寄って認め合うことが大事なのだと思います。

# 「どうして私ばっかり!」という不満はなぜ生まれるのか

## 人は悪意なく、自分の印象や記憶をもとに評価する

以前の職場で、後輩のAくんから「自分は毎日たくさんの仕事をこなしているのに、同僚たちはあまり仕事をしていないようで不公平だ」という相談を受けました。

本人によく話を聞いてみると、自分がやっている仕事については雄弁に語るのですが、周囲の人の仕事については、あまりよくわかっていないようでした。

**「自分は頑張っている」と思うときには、誰しも自己評価が高くなりがちです。相対的に他人への評価は低くなる傾向**があります。その結果、自分では「仕事ができると思っている」のに、他人からは「あいつは使えないやつだ」と思わ

れてしまうという状況は、しばしば起こりがちです。自身の自己評価と、他人からの評価に大きな差ができてしまうわけですね。

**お互いが「私はしっかり（仕事を）やっているのに相手はそうではない」という不満を抱えるケースは、しばしば見られます。**

自分ばかりが働いていると感じてしまうのは、職場だけではありません。地域の集まりや家族・夫婦間などにもあります。「町内会やＰＴＡの仕事を私ばかりやらされている」、あるいは家庭内の家事分担で「自分はたくさん家事をしているのに、夫が（妻が）ちっともやってくれない」というパターンです。

こうした認識のもとになっていると考えられるのが、行動経済学で言う**「利用可能性ヒューリスティック」**です。

**「利用可能性ヒューリスティック」とは、自分の記憶や印象に強く残っている事象、思い出しやすい事象ばかりを優先して、頻度や確率が高いと判断してしまう傾向**を指します。

## 自分のほうが家事をやってる！という思い込み

後輩Aくんの例で言えば、「自分が仕事をしている」という、自分にとって想起しやすい出来事を過大評価する一方、同僚たちの仕事ぶりはあまり見えていないため、印象に残りにくいわけです。

簡単に言ってしまえば、**「（見えている）自分がしたこと」を「（見えていない）相手がしたこと」よりも過大評価する**、ということですね。

先ほど述べた、家庭内での家事分担問題について、ダニエル・カーネマン教授が著作『ファスト&スロー』（早川書房）で紹介している実験があります。

夫と妻の両方に対して、自分の「家事への貢献度」を尋ねたところ、別々に答えたパーセンテージを合計すると、100%を超える結果になったのです。

これは、**2人とも、自分が行っている家事の割合を、実際より多く見積もっていたため**と考えられます。

ただし、この状況はお互いに悪意があるわけではない点にも注意が必要です。人が2人以上で作業をする状況では、誰もが自分に見えている貢献を多めに見積もり、他人の貢献は少なめに見積もってしまうのです。自分自身もこうした心理的バイアスに影響されると知っておくだけで謙虚になることができます。他人のことも理解できるようになり、人間関係もより良くなるのです。

## 身のまわりの情報だけで不合理な判断をしているかも？

「利用可能性ヒューリスティック」は、いわゆる「思い込み」とも言い換えられます。

**自分が見聞きしたことを大切な情報と考える一方で、自分の知らない情報を軽視した結果は、「思い込み」による誤った判断になりかねません。**

例としては大震災直後に、あまりに被災の印象が強かったため、自宅に耐震シェルターを設置するケースが見られました。ところが、使う機会がないので結局物置になってしまったという話を聞きます。

その他にも、身のまわりの家族や同僚がインフルエンザにかかっただけで、今はインフルエンザが大流行中だと考えてしまった。1件の少年犯罪のニュースを見ただけで「今、日本は少年犯罪が増えている」と考えるようになった。

いずれも**自分の記憶や印象だけに基づいて判断しているため、その認識の間違いに気づかないうえに、自分は正しいと思い込んでいる**わけです。

企業も「利用可能性ヒューリスティック」を活用して、販売促進を行っています。

例えば、新商品のキャンペーンをSNSで行う場合、「アカウントをフォローしてハッシュタグを付けて投稿すると○名様に△△をプレゼント！」というような施策を行うと、たくさんの人が投稿をしますよね。すると、消費者はその商品に対する投稿をよく見かけるようになります。

その結果、自分の印象に強く残るため、「この商品を最近よく見るな」「流行っているのかな」と多くの人が思うのです。

ネットやSNSの世界では、検索や閲覧の履歴をもとに個人が好きそうな情報や意見、広告を表示する仕組みになっています。注意や関心を引くことで、より頻繁に、より長く見てもらうように仕向けているのです。

ただし見る側はこうした操作が行われていることを、さほど強くは認識していません。その状態で**毎日同じような情報を見聞きした結果、自分の知っていることが世界の中心であり、流行っていて、正しいものだと思い込んでしまう**のです。このような思考や情報の偏りを避けるためには、「利用可能性ヒューリスティック」が働いているということを常に意識しておくことが大切ではないかと思います。

## お互いに「思い込み」があることを自覚、共有する

「利用可能性ヒューリスティック」が難しいのは、紹介した例のように、**自分の記**

**憶や印象と、現実の実態（時間や分量など）の違いを、必ずしも正確に比較できない点**です。

意見の異なる両者が納得するためには、お互いに見えていない「過程」について伝える、お互いに確認し合う、そして認識をすり合わせることが大切です。

例えば、仕事で何時間も真剣に考えて提出したものを、上司から即NGにされてしまうと腹が立ちますよね。

この場合、部下側は「こんなに考えたのに、上司はろくに資料も見ずに結論を出したんじゃないか」と考えます。逆に上司側は「これまでたくさん教えてきたはずなのに、あまり理解せずに資料をつくったんじゃないか」と疑います。お互いに自分の労力を多大に見積り、相手の行動を軽視するのです。

そんな食い違いをなくすためには、**部下側はどんな過程でどのように考えたのかを相手に伝えること、そして上司側も、なぜNGにしたのかという思考の過程を説明できると、お互いに不満な気持ちを持つことなく、相手を理解することにつながる**のではないかと思います。

「お互いからは見えていないところ」を軽く考えてしまうのは仕方がないことですので、しっかりと話し合い、過程や考えを共有することが大切だということですね。

家庭内で揉めがちな家事の分担についても、重要なのはやはり「話し合い」、そして現状を正しく可視化することです。

仕事だったら、「いつ」「どこで」「誰が」「どのような仕事をしているか」といったことを報告し合って状況を共有できるようにしますよね。それと同じことを自然な形で家庭内でも行うといいでしょう。

なかなか難しいかもしれませんが、何気ない会話の中で、大変だったことなどを話し合えるといいですね。また、**お互いが相手の労力に対して想像力を働かせて思いやることができるとさらにいい**と思います。

家庭内では特に感情が先行してしまいやすいので、感情的にならず冷静に話し合うことが大切です。

揉めやすいポイントは、料理・洗濯・掃除などの大きな項目よりも、いわゆる「名もなき家事」と呼ばれる細かい作業かもしれません。これをできるだけ詳細に書き出

## 名もなき家事

- 洗剤つめかえ
- クリーニングを取りに行く
- 献立を考える
- ダンボールをつぶしてまとめる
- 加湿器の水交換
- 郵便物チェック

しておくと、あとになって不満が噴き出すことが少なくなるはずです。

結局のところ、**仕事でも家事でも、お互いの心に「利用可能性ヒューリスティック」が働いているということを認識し、自分や相手がどんな思い込みをしているのかを話し合うこと**が大切だということです。

認知的不協和

# 「なんでも人のせいにする人」の隠された心理

## 仕事がうまくいかないのは誰のせい？

以前の職場に、なんでもすぐ自分以外の責任にする同僚Cさんがいました。

商談がまとまらないと「クライアントの理解が足りないから……」、部署内のコミュニケーションがうまくいかないと「忙しくて時間がなさすぎる……」、チームの売り上げが上がらないと「今期はまわりの部署がたまたま調子がいいから……」といった具合です。

Cさんの発言の端々からは「私自身はしっかり仕事をしているので、悪くない」という意識がうかがえます。このような、いわゆる〝他責思考〟には、行動経済学で言う「認知的不協和」が潜んでいます。

## 「負け惜しみ」で自分を正当化する

**「認知的不協和」とは、置かれた環境や状況と、自分の思考や行動などに矛盾があるときに感じる不快感やストレスのこと**です。

「認知的不協和」を抱えた状態になると、人はもともとの考えを変えたり、事態を過小評価したりすることで、自分を正当化します。そもそも人間には、合理的に一貫性のある行動をしようとする性質があり、自分の中に矛盾が生まれるとそれを何とかしてなくそうとするからです。

行動経済学ではこれを「認知的不協和の解消」と呼びます。

あるべき姿と実際の自分自身の間にギャップが生まれると「認知的不協和の解消」が発動します。

先ほどのCさんは、「自分自身や自分の部署やチームは能力があるし、成績を上げられるはずだ」と考えていました。ところが、現実は異なるため、**クライアントの**

**無理解、時間の不足、競争相手が好調など、他のせいにすることで、不快感やストレスを解消していた**というわけです。

アメリカの社会心理学者、レオン・フェスティンガーは、「学生に単調な作業をさせる」実験を行いました。学生を3つのグループに分け、次の条件で作業を行ってもらいました。

- それぞれのグループに、非常に退屈な作業を1時間やってもらう
- グループ1の被験者には、ただ作業をさせるだけ

■グループ2とグループ3の被験者には、他の被験者に「面白くて楽しい作業だ」と嘘を言わせたうえで報酬を与える

■グループ2には1ドル、グループ3には20ドルの報酬を与える

作業終了後、全員に「作業をどのくらい楽しんだか」について、自分の気持ちを答えてもらいました。

グループ1は、「若干楽しくなかった」と、退屈な作業に対する率直な感想を述べました。

グループ2は、「楽しかった」と答えました。これは報酬が少なかったため、楽しい作業だったと思い込むことで自分の行動を正当化したと考えられます。

そしてグループ3は「楽しくもつまらなくもなかった」と答えました。報酬が多かったために自分の意見を無理に変える必要がなく、率直な感想を述べたと考えられます。

グループ2は「非常に退屈な作業」をさせられ、実験のためとはいえ関係のない他人に「楽しい」と嘘までつかされたわけです。さらに報酬も低いという状況は不快な

## 認知的不協和

**実験**　退屈な作業を1時間やってもらう

①ただ作業をさせる

②「楽しい作業だ」と嘘を言わせ、報酬を1ドル与える

③「楽しい作業だ」と嘘を言わせ、報酬を20ドル与える

作業終了後に「**作業をどのくらい楽しんだか**」を聞いた

**結果**

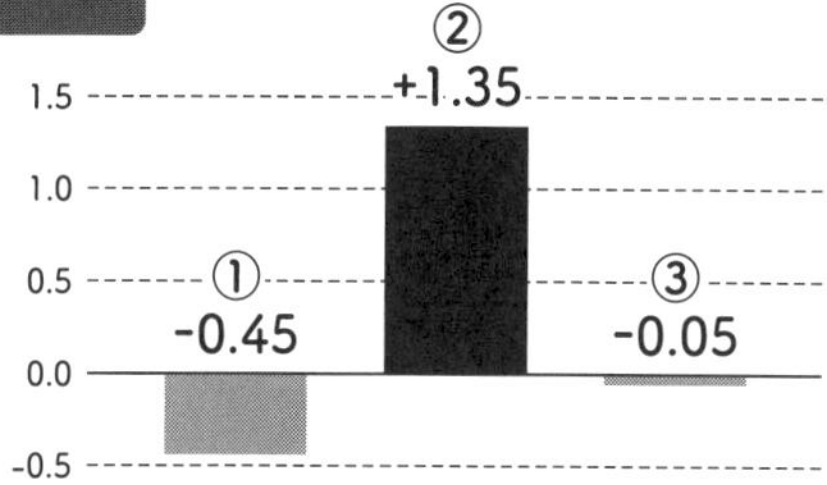


①率直な感想を述べた

②報酬が少なかったため、自分の行動を正当化した

③報酬が多かったため、率直な感想を述べた

はずです。この**不快感を解消するために、実験そのものに対して「楽しかった」と自分に思い込ませ、自分の行動を正当化した**のです（＊26）。

「認知的不協和」を説明する際によく使われるのが、「イソップ物語」の「キツネとブドウ」という話です。キツネが、自力で取れなかったブドウをあきらめる際、「どうせあのブドウはすっぱくてまずいに違いない」と自己正当化

するストーリーです。

これがまさに「認知的不協和の解消」です。

## 「認知的不協和」は使い方次第でビジネスチャンスになる

こうした「認知的不協和の解消」は、日々の生活の中にもあふれています。

入学したかった学校や入社したかった企業に落ちてしまうと、「どうせあの学校は（企業は）大したことがないから」などと否定する。

ライバルだと思っていた友だちが仕事で成功したりすると、「あいつは運が良かっただけだよ」などと、相手を下げる発言をする。

乗りたかった電車を逃してしまったときに「どうせ走っても間に合わなかった」と急がなかった自分が正しかったと考える。

新規営業でのアポ取りをしたくない人は、「どうせアポは取れないし、会ってもらえない」と努力が無駄であるかのように思い込む。


**こういった自分を正当化する言い訳、負け惜しみは、すべて「認知的不**

**協和」によるものです。**

一方、「認知的不協和の解消」をうまく利用すれば、新商品やサービスの開発につなげることが可能です。

**「つらい食事制限はしたくないけど、ダイエットはしたい」**
**「自炊をしたいけど、面倒な調理はしたくない」**
**「あまりお金や時間をかけずにスキルアップしたい」**

このような、「○○したいけど……」という矛盾の中には、顧客の強いニーズがあるからです。

少し前にブームになった16時間断食は、食事の時間さえ空ければ好きなものを食べてもいいという簡単さが支持され、解説本の中には40万部を超えるベストセラーも生まれました。ポイントは、1日のうち16時間を除いた8時間は食べたり飲んだりできること、食べてしまう自分とダイエットしたい自分の間に矛盾を感じる必要がないことです。

発売から2カ月で100万食超を出荷した、永谷園の「パキット」は、乾燥パスタと規定量の水を入れて電子レンジで加熱するだけで食べられるという手軽さで、大ヒットしました。

通信講座の「スタディング」は、従来の講座より低価格で受講できる、スマホでスキマ時間に授業が視聴できるという利便性もあり、話題となりました。

私たちはみな、基本的に我慢が嫌いな、面倒くさがり屋です。

**「スリムでいたい自分」「おいしく食事をしたい自分」「学びたい自分」と、「ラクをしたい自分」の間に生まれるギャップを埋めてくれる商品は大歓迎されます。**

こうした消費者心理をつかむことができれば、大ヒット商品を生み出すことができるかもしれません。

ダニング=クルーガー効果

# 「能力が低い人ほど自分を過大評価する」のはなぜか？

## 「自分に自信がある人」ほどだまされやすい

「まさか私が引っかかるはずがない」

「自分は大丈夫」

これは、詐欺被害にあった人がよく口にするフレーズだそうです。

みなさんも聞いたことがあるかもしれませんが、詐欺師に一番引っかかりやすいのは、「自分に自信がある人」です。

災害や事件、事故が起きたときなども、「こんなことが起きるなんて怖いね」などと言いながら、なぜか自分がその当事者になる可能性については考えません。「自分はそんな目にはあわないだろう」「自分には関係ない」と思い込んでしまうのです。

こうしたときは、**自分の立ち位置を正しく認識できず、「自分から見えている自分」と「他人から見えている自分」にズレが生まれています。**自分では「それなりに賢いし他人の甘い言葉には耳を貸さないぞ」と思っていても、詐欺師からすると「チョロいカモだな」と思われていたりするわけです。

このようなときには「自分に対する認知のあり方」に関係する、「ダニング＝クルーガー効果」が影響しているかもしれません。

## 成績が悪い人ほど「自分はできる」と思い込んでいる

**「ダニング＝クルーガー効果」とは、能力や知識が低い人ほど、自分の能力不足や他者のレベルの高さに気づかず**（気づけず）**、自分自身を高く評価してしまう傾向のこと**です。

この影響を受けることで人は、少し知識を得ただけで、その知識は全体のほんの一部でしかないのに、**まるですべてを知っているかのように過信してしまいます。自分自身を過大評価してしまう**のです。その結果、断片的で浅い知識に基づいた短絡的な決断を下してしまいます。

これと反対に、成果や結果があるにもかかわらず、自信や自尊心を持てないのも、やはり「ダニング＝クルーガー効果」の影響です。能力が高く経験が豊富だと、自分以外のレベルの高い人についても把握できます。その結果、自分自身の能力を過小評価してしまうのです。

「ダニング＝クルーガー効果」のもとになった実験を紹介しましょう。

コーネル大学のデイヴィッド・ダニングとジャスティン・クルーガー（この2人の名前を取って「ダニング＝クルーガー効果」と名づけられた）は、45人の大学生を対象に、論理的思考に関する20項目のテストを行いました。

終了直後、試験を受けた大学生全員に、自分がどれだけ点数が取れたかを予想してもらい、実際の点数との差を見ます。

# ダニング＝クルーガー効果

**実験** 45人の大学生に論理的思考に関する20項目のテストを行った。試験後、自分の点数を予測してもらった。

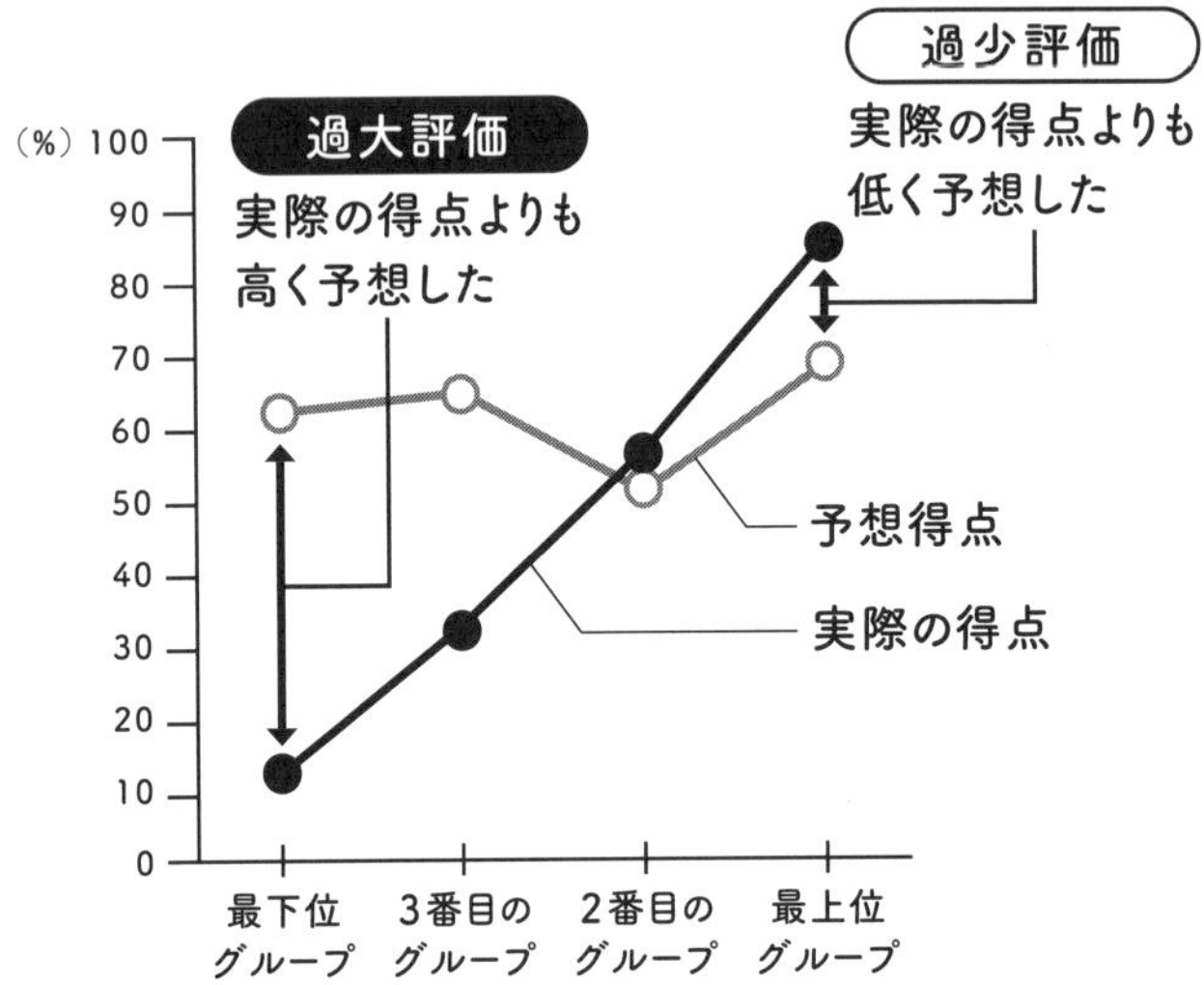


全体を「実際の得点」順に、上位から4グループに分け、各グループにおける「予想得点」と「実際の得点」のギャップを集計しました。

すると、最もギャップが大きかったのは、実際の得点が「最下位グループ」。つまり**点数の低い学生ほど、自分を過大評価**していたのです。反対に、**「最上位グループ」は、自分たちを過小評価**していました（＊27）。

次のページの図は、「ダニング=クルーガー効果」における、「知識・経験」（横軸）と「自信」（縦軸）の関係を表しています。

**1 「バカの山」……思い込みの段階**

一部の知識を得ただけで、すべてを理解したと思い込み、知識や経験がほとんどないのに自信が急激に高まる。

**2 「絶望の谷」……思い込みだと知る段階**

「バカの山」をすぎると、自分の知識はほんの一部にすぎず、学ぶことはたくさんあると知り、すっかり自信を失う。

**3 「啓蒙の坂」……自信を持ち始める段階**

改めて学ぶことで成長を実感し、少し進歩できたことで自信を徐々に取り戻し始める。

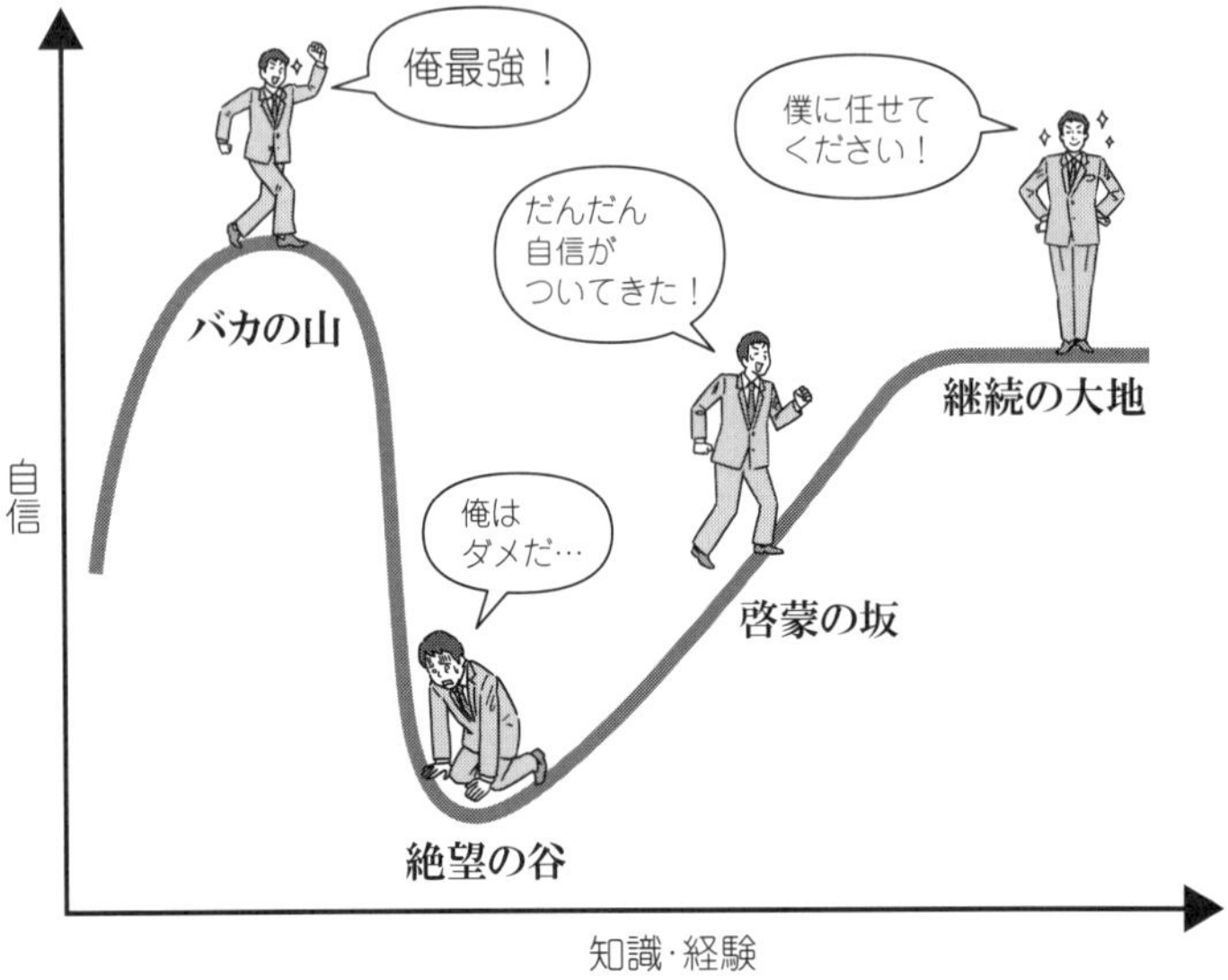


**4「継続の大地」……正しく自己評価できる段階（最終地点）**

さらに学びを進めることで成熟。自分の得意や不得意も理解して正しく自己を評価し、安定的に自信を持てるようになる。

入社したばかりでまだあまり仕事ができないのに、「自分はできる」と思い込んでいる社員も見かけます。もしかしたら「バカの山」の頂上で天狗《てんぐ》になってしまっているのかもしれません。

投資初心者が、たまたま短期間で利益を得られたりすると、それがビギナーズラックにすぎないのに「自分には能力がある」と勘違いすることがあります。調子に乗って難易度が高い商品に手を出して、大損をすることもあります。

また最初だけ配当を支給するなどして、ニセの成功体験をさせる投資詐欺がありますす。これもまた**「やはり、この投資を選んだ自分の目は確かだった」という勘違いをさせることで、さらに多くのお金を投資するよう促している**と考えられます。

## 「話してもわかり合えない人」もいると認めること

自分を過大評価するなど、自分の能力に対する誤解を戒める言葉は歴史の中でも数多く生まれています。主なものを挙げてみましょう。

- **「真の知識は、自分の無知さを知ることである」孔子**
- **「無知の知」ソクラテス**

■「愚か者は自身を賢者だと思い込むが、賢者は自身が愚か者であることを知っている」ウィリアム・シェイクスピア

こうした自己判断の誤りは古くから問題になっています。

一方、2000年代にも、似た問題が大きな話題となりました。450万部を超える大ベストセラーとなった書籍『バカの壁』（新潮社）です。著者の養老孟司さんは、バカの壁とは「自分が知りたくないことや考えたくないことについて情報を遮断しようとして自主的に張りめぐらせている壁のこと」と述べています。

このような壁を自らつくってしまうと、本人だけでなく周囲に迷惑を及ぼしかねません。**仕事で「能力が低いのに自己評価が高い」という勘違いをする人間も、その一種と言えるかもしれません。**

『バカの壁』では、価値観そのものを一元論（正しいことは1つしかない、という思い込み）から多元論（正しいことはいくつもありうる）に変えなくてはいけないと結論づけられています。

とはいえ人間の価値観の問題となると、難しい点もあります。誰かの価値観を変えることは簡単ではないからです。

ただしこれが「ダニング＝クルーガー効果」によるものであれば、変えられるかもしれません。「バカの山」に登っている人は自分で気づいていませんが、時間が経つことで理解できる可能性があるからです。

こうした心理を理解して、相手の自己判断が変わるのを待つことは有効です。

もちろん、そこにかかる時間は人によって異なりますから、ある程度、忍耐も必要でしょう。

**重要なのは「根本的な価値観の問題」なのか、それとも「一時的な自己判断の誤り」なのかを見抜くこと**です。

自分と他者との位置関係を客観的な視点で見極めるのは難しいものです。私たちがしばしば「バカの山」に登ってしまうのも仕方がないのでしょう。

しかし、そこで自らが「ダニング＝クルーガー効果」に影響されている可能性をふまえて、**できる限り冷静に自己を見つめることは重要**です。**そこから真の自**

**分の強みを見つける**こともできるはずです。

また誰もが、うまくいかなくて自信をなくしたり、自分を見失ってしまったりすることもあります。そんなときは、先ほどの「曲線」で自分が今どの段階にいるのかを分析するのもいいでしょう。

**「絶望の谷」にいると思うなら、もう「バカの山」はクリアしているのですから、あとは継続しながら少しずつ、確実に上に登って行くだけ**だと思えれば、自信につながります。

人間の心理的バイアスを知ることは、他人を理解することはもちろん、自省や自己のさらなる成長にもつながるのです。

確証バイアス

# 「自分が信じたいものだけを信じること」の落とし穴

## 判断の誤りと、誤りの強化

いきなりですが、クイズを出したいと思います。

**Q1　東京都内で人口あたり事件事故発生数が多いのは、新宿区と千代田区のどちらでしょうか?**

**Q2　国民の平均年収が高いのは、日本とニュージーランドのどちらでしょうか?**

2022年の千代田区における事件事故発生数は2033件、人口6万7549人で割ると1万人あたりの事件事故発生数は301件になります。一方、新宿区の事件事故発生数は4820件ですが、人口が35万1085人いるため、1万人あたりの発生数は137件となります（警視庁「令和4年　区市町村の町丁別、罪種別及び手口別認知件数」）。ですので、Q1の答えは「千代田区」になります。

OECDによる2023年度のデータによると、ニュージーランドの平均年収は世界14位で、日本円で約849万円（5万4793USドル）。対する日本の平均年収は、世界24位で約502万円（3万2409USドル）ですから、350万円ほど差があります（1ドル＝155円で換算）。よって、Q2の答えは「ニュージーランド」です。

この2つの問題、Q1は新宿区、Q2は日本だと思ってしまう人が多いようです。そのように回答してしまうのは、「利用可能性ヒューリスティック」（278ページ）の影響を受けている可能性が高いでしょう。

新宿と言われて歌舞伎町をイメージする、ニュージーランドと言われて草原などの自然をイメージするといったことにより、答えを誤るのです。

こうした判断の誤りは誰にでも起こります。

問題は人間に、誤った判断を自ら強化する傾向があることです。

この心理は**「確証バイアス」**と呼ばれています。**一度、自分の意見を決めると、それに合致する情報ばかりを受け入れ、それに反する情報を無視したり軽視したりする**バイアスです。

原因は「自分が正しいと思いたい」という気持ちです。この願望を実現させたいがために、都合の良い情報だけを選んでしまうのです。

例えば、ある芸能人Aさんに対して以前から「なんとなく好きじゃない」「あまりイメージが良くない」などと思っていたとします。そのAさんが「パワハラをしているらしい」という噂話がネット上で流れてくると、「やはりAさんは嫌なやつなんだ」と、**自分の判断を肯定する証拠として捉える**わけです。

そして、**それを裏づける情報（真偽は不明）ばかり集め**、「実は根も葉もないガセネタらしい」といった反対の情報は、「それこそガセネタだ」「Aさんのファンが適当なことを言っているだけだ」と受け入れません。

同じようにAさんを嫌っている人たちとSNS上でつながり、お互いの意見を肯定し合うことで、ますます「確証バイアス」が強まり、偏った考え方になってしまいます。

仕事でも、例えば「あの子はZ世代だもんね」「ゆとり世代は違うね」「部長は昭和だから」などと世代で判断してしまうことはないでしょうか。

このように**「AはBだ」と決めつけると、それに合った行動ばかりが目に付く**ようになります。これもまた「確証バイアス」によるものです。

# 確証バイアス

実験　ある法律に対する「賛成者」と「反対者」に
①その法律が役立っているデータ
②その法律が役立っていないデータ
を見せて、それぞれに意見を聞いた

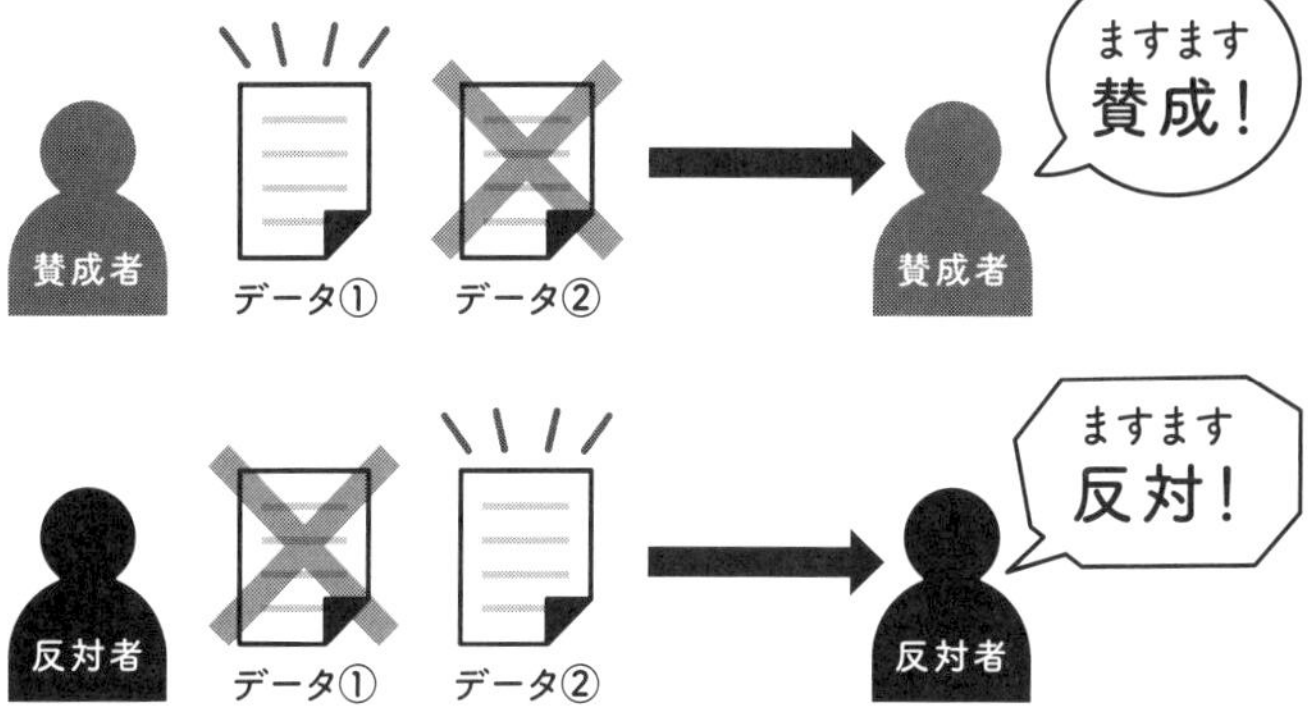


アメリカの心理学者チャールズ・ロードは、ある法律に対する「賛成者」と「反対者」を集め、全員に以下2種類の架空データを両方見せたうえで、その法律に対する意見をそれぞれのグループに聞きました。

- その法律が社会秩序の維持に役立っていることを示すデータ①
- その法律があっても社会秩序の維持に役立っていないことを示すデータ②

その結果、法律に賛成していた人はますます賛成に、反対していた人はますます反対に、それぞれの意見が強まったのです（＊28）。

つまり、**それぞれが自分の主張に合うデータだけを取り上げ、それを根拠に自分の考えを強めることになった**のです。

このように「確証バイアス」の影響を受けると、判断を変えられなくなってしまうのです。

## すでに購入した商品のレビューを読みたくなる理由

「確証バイアス」の仕組みを利用しているのが、ネットニュースのアルゴリズムです。ユーザーがどんなニュースやウェブページをどのくらい見たのか、何のキーワードで検索しているかなどをもとに、より興味を持つであろう（より長く見て、クリックもするであろう）ニュースを優先して表示します。ネットニュースのプラットフォーム企業や情報提供会社は、視聴されてこそビジネスになるからです。

しかし多くのユーザーは、その仕組みを知らないか、あまり意識していません。ネット企業がユーザーの関心事を把握する「精度」が上がれば上がるほど、ユーザーにとって関心のある出来事が表示されるようになります。

そうした情報を見たり、クリックを繰り返したりすると、企業側はより正確に関心事を把握するようになります。一人のユーザーに対して、同じような情報ばかりが表示されるようになるのです。

興味があることだけを選んでくれて、ありがたく思うかもしれませんが、情報の偏りは大きな問題です。

限られた時間の中で情報収集するにあたり、**同じような情報ばかり見ていれば関心や知識の領域が狭くなります。**物事を見る視野全体が狭まるでしょう。

これは個人の中だけにとどまる話ではありません。

例えば政治や経済など、世論で意見が割れるような複雑な問題に対しても同じことが起こります。**自分の考えが正しいと裏づける情報しか目にしなくなり、自分と異なる立場の人が存在することさえもわからなくなる**のです。

このようにして、情報の偏りは世論形成の偏りにまで至る可能性があります。

情報の偏りは、XなどのSNSでより顕著に起こっています。生活のレベルやスタイル、趣味や関心事が似た人をフォローすると、おすすめに表示される投稿は、自分の好きなこと、興味があること、共感すること、信じることばかりになります。

そうした狭いコミュニティの中だけで意見を交わすことになると、いわゆる「エコーチェンバー」状態に陥ります。これは、自分と似た意見や思想を持った人々の集まるコミュニティ内でのコミュニケーションが繰り返されることで起こる現象です。**自分の意見や思想が肯定されることで、それらが世の中全般においても正しく、間違いないものであると信じ込んでしまう**のです。

広告とは、一般的に新たな顧客を獲得するためのものですから、その商品を新たに買う人が見ることを前提につくられています。ところが、買い物をしたあとに、自分が買った商品の広告を見る人もかなりいます。これも「確証バイアス」の影響です。

広告では基本的に商品の価値、利用するメリットなどが表現されています。その商品を過去に購入した顧客も、広告を見て「自分の判断は間違っていなかった」と思い、ほっとするのです。

自分が買った商品の購入者レビューを見て、良いコメントばかりに注目するのも同じ心理です。「購入した」という自分の判断が誤りではなかったことを裏づけてくれる情報を積極的に見聞きするわけです。

## 「別の視点」で見ることの大切さ

ネットやSNSがなくてはならない現代では、「確証バイアス」がもたらすリスクは、より大きくなっています。

そのような現代社会で**判断の偏りを避けるために大切なのは、さまざまな視点で物事を見るようにすること**です。

映画やドラマ、小説や漫画などを主人公以外の視点で見てみるのもいいでしょう。

普通に見ていると、どうしても主人公に感情移入をしてしまいがちですが、あえて

「ライバル役のこの人だったら、どう思うだろう？」「友だち役のこの人なら、どんな気持ちで行動するだろう？」などと、別の人物の目線でストーリーを追いかけるのです。きっと新たな見方ができるでしょう。

**職場でも、同僚、上司、部下や後輩など、自分以外の視点で考えられれば、広い視野を持てるはずです。**

また、普段は気にしないジャンルのニュースや書籍を読んだり、SNSなどで、あえて自分と合わない意見を持つ人や共通点がない人の考えを見るのもいいでしょう。

今の時代、「自分が正しい」という「確証バイアス」を意識的に避ける努力が必要になってきたのだと思います。

現状維持バイアス

# なぜ歳を取ると「新しいもの」を受け入れられなくなるのか？

## 気がつかないうちに誰もが老害化してしまう？

「最近の音楽は、うるさくて聴く気にならないよ」

「マッチングアプリで出会うより、昔みたいに自然な出会いのほうがいいと思うな」

「取引先A社には毎回訪問するのが慣例だから、電話やメールは使わないで」


こんな発言を聞いたことがある、あるいは自らしてしまったことはないでしょうか。

これらは、場合によっては若い世代の方々から「老害」と言われてしまうこともある発言です。

私自身も思い当たるところがあるのですが、歳を取ってくると、なかなか新しいものが受け入れられなくなり、「昔は良かった」「昔からのやり方を続けるべき」という話をしてしまいがちです。

この傾向には、脳の老化などさまざまな要素があると言われていますが、要因の1つと考えられるのは、行動経済学で「現状維持バイアス」と呼ばれるものです。

## 未来の「得」より今の「損」を過大視してしまう

**「現状維持バイアス」とは、未知なもの、未体験のものを受け入れず、現状のままでいたいと考える心理作用です。**簡単に言えば、どう転ぶかわからない新たな取り組みによる損失を避けようとする意識です。

流行りの音楽を聴く気にならない、アプリなどの新しいツールを使うことに抵抗がある、効率よりも「昔からのやり方」にこだわってしまうというのも、「現状維持バイアス」による現状を変えたくないという意識が働いているからです。

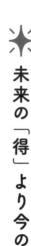

このバイアスは日常のさまざまなところにあります。例えば「貯金したいけど節約が苦手」というのも、「今の生活レベルや、自由にお金が使える状況を変えたくない」という、「現状維持バイアス」によるところがあるでしょう。

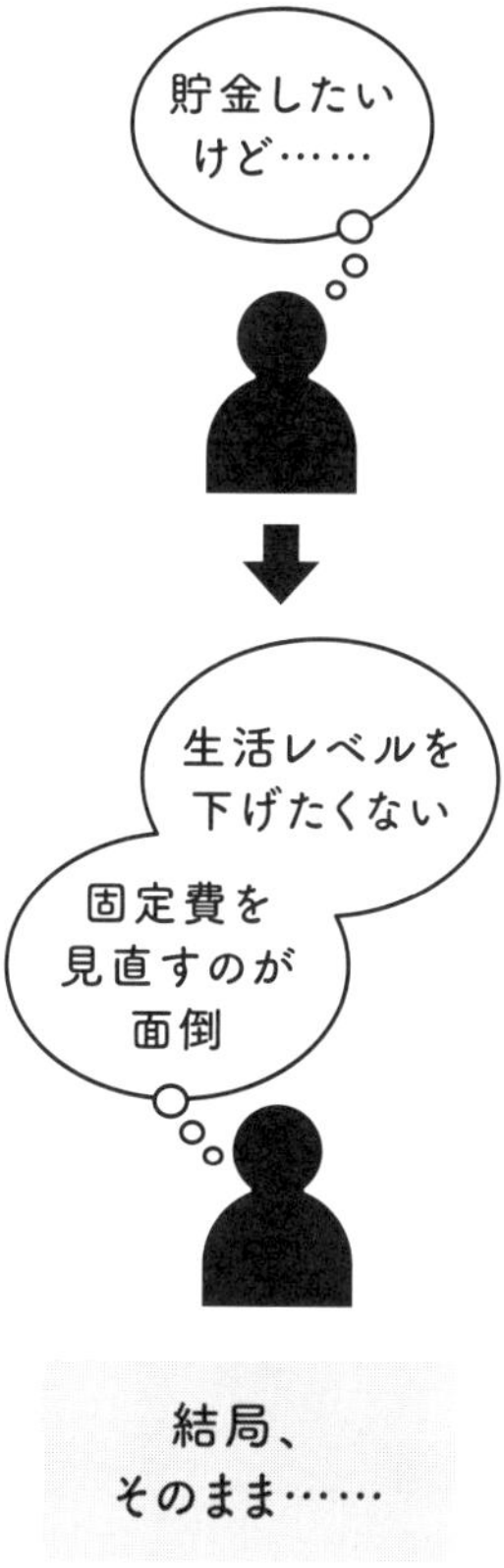


アメリカの経済学者、レイモンド・ハートマンは、カリフォルニア州で「電気代の変更」に関する実験をしました。

「電力供給の信頼性が最も高いが、電気代が最も高い」A社と、「電力供給の信頼性が最も低いが、電気代が最も安い」F社それぞれで契約している人に、今後の契約を見直すならば、どの会社のプランを選ぶか質問します。このとき、「信頼性」と「電

## 「電気代の変更」実験

| 現在のプラン | A社（現状維持） | B社 | C社 | D社 | E社 | F社 |
|---|---|---|---|---|---|---|
| A社 信頼性が高いが、電気代が高い | 60.2% | 13.6% | 12.0% | 4.9% | 3.6% | 5.7% |
| F社 信頼性が低いが、電気代が安い | 5.8% | 3.4% | 4.7% | 12.7% | 15.1% | 58.3%（現状維持） |

**約6割**の人が**今までどおりの契約**を
続けると回答した

気代」のバランス関係がA社とF社の中間であるB社～E社も選択肢に入れました。

すると、現状A社で契約している人の約6割、そして現状F社で契約している人の約6割が、今までどおりの契約を続けることを望んだのです（＊29）。

つまり、**一度選択したあとは、未知、未体験のものを受け入れにくくなり、信頼性の向上や電気代の安さについて改めて考えずに、とにかく現状を保とうとする意識が働く**ことがわかります。

今の会社に居続けるか転職するか、新し

い業務ソフトを導入するか旧来のやり方を続けるか、あるいは節約のために今より家賃の安い家に引っ越すかどうか。

どちらのほうがメリットがあるか明確だったとしても、**未来に得られる利得より現在を変えることで失うかもしれない損失をより大きく考えてしまう**のです。

ちなみに、「現状維持バイアス」は、182ページで紹介した「現在志向バイアス」と名前がよく似ていますが、まったく違うものです。

「現在志向バイアス」は、目先の利益と将来の利益を比較する際、「目先の利益を重視」するバイアスで、時間とともに価値の感じ方が変化する傾向によるものです。

一方「現状維持バイアス」は、あくまで「現状からの変化を避ける」心理です。

## ケータイを乗り換える人が有利な理由

企業がマーケティングを考える際、消費者の「現状維持バイアス」は大きな壁になります。「変えることが面倒くさい、行動したくない」という障壁を突破してもらうためにも、**顧客に「変わることのメリット」を強調した仕掛けやオファーを考える**必要があります。

例えば、携帯電話会社の乗り換えは、「現状維持バイアス」が非常に強く働く典型例と言えます。

そのため、乗り換えてほしい側の携帯電話会社は、かなり大きなメリットを提供しないと、なかなか他社のユーザーの気持ちを動かせません。そこで、思い切った値引きや、データ量の優遇措置などを講じるわけです。

あれほど魅力的な乗り換えキャンペーンを実施できるのも、**一度契約してもらえれば、また「現状維持バイアス」が働き、その後何年もお金を落としてくれることがわかっている**からです。新規の顧客を獲得するためには、それなりの費用がかかりますが、既存の顧客を維持することには、それほど費用がかからないのです。

反対に顧客を抱えている側の携帯電話会社にしてみれば、一度契約した顧客がなかなか解約しないことは、自社の利益に直結しています。いいことではありませんが、解約の方法を面倒にしたり、わかりにくい手続き方法をあえて改善しないケースが見られたりするのも、そのためです。

顧客がせっかく「現状維持バイアス」から逃れて乗り換えをしようとしても、方法が面倒くさくてあきらめてしまうよう促しているのです。

しかし、悪意がないように見せかけて契約を続けさせるやり方は、長期的にはブランドイメージを悪化させる結果になります。いずれ顧客に逃げられてしまうので、あまり得策とは言えません。

むしろ、**契約済みのユーザーに対しては、長期契約がお得になるプロモーションが効果的**です。自発的に継続を選んでもらえれば、企業ブランドへの悪影響もありません。顧客側の立場ならば、新規契約メリットだけでなく、会社別の継続メリットを比較して選択するのが賢い方法かもしれませんね。

## 転職の壁を乗り越える戦略

転職するかしないかを考えている際にも「現状維持バイアス」が働きやすいと述べましたが、これは転職情報企業にとって大きな壁になります。当たり前のことですが、転職したい人がいなければビジネスは成り立たないからです。

そういった観点で転職情報企業のプロモーションを見ていると、とても面白いことに気づきます。

例えば、リクルートエージェントやｄｏｄａ（パーソルキャリア）などは、一般的な総合職の転職をターゲットにしています。そのための広告では、**転職することの「恐怖」や「不安」を取り除くような内容が多い**ように感じます。

リクルートエージェントは「エージェントによる的確なアドバイス」を打ち出し、ｄｏｄａは「エージェントとサイトの両方によるサポートが可能」と訴えます（「転職のホントが知りたい」篇）。両社とも、**不安や疑問を解消してくれる人や情報といった「機能」を提供し、顧客に寄り添う姿勢**で転職を促しています。

一方で、いわゆるハイクラス向け転職エージェント「アサイン」は、「自分の可能性にかけてみてもいいんじゃないか」というコピーで「情緒」的に、挑戦することがカッコいいと訴えています。

**いずれのCMも「現状維持バイアス」を崩すための戦略であることは同じですが、ターゲットによってアプローチが異なる、**というわけです。

また、「現状維持バイアス」は「損失回避」（210ページ）とも関係があります。「損失回避」に影響されると、目先の、または表面的な損を避けようとします。その結果、より大きな損をするといった事態に陥ります。

一方、「現状維持バイアス」に影響されると、よく考えずに、とにかく現状を維持しようとします。その結果、変化することによって改善の可能性が高い物事にも取り組みません。ともに無意識のうちに、損につながるバイアスです。

## 「変わること」はチャンスである

私たち人間はみな、無意識に変化を嫌い、現状を維持しようとします。**だらだらと「今」を続けることには無頓着**で、何の疑問も感じません。

わかってはいるけど変えられない、変わるのが面倒……という自分をどうにか奮い立たせるのは困難です。他人の行動を変えさせるのも、簡単ではありません。

なぜなら「現状維持バイアス」以外にも、慣れ親しんだものを好む「ザイオンス効果」（48ページ）が働きますし、これまでに使ったコストを惜しむ「サンクコスト効果」（197ページ）も影響します。

変化しようと思い切ったとしても、選択肢が多い場合は「決定麻痺」（16ページ）によって行動が止まることもあります。**「変わること」に対するハードルはなかなか高い**のです。

特に古くからある会社などでは、「現状維持バイアス」が働きやすい傾向があります。

これまでとは違う新しいやり方や、大きな組織改革が提案されても、古くからいる社員たちは反対しがちです。原因は「変えたくない」という気持ちです。変えるべきか、維持するべきか、本当はどうするべきかを考えず、とにかく「変化すること」を避けようとするのです。

この場合、現状を変えないだけではなく、「変えるべきではない」もっともらしい理由を見つけ出して、自分自身の考えに固執することもあります。さらに周囲を巻き込もうとするケースもあります。この心理的バイアスを「理由に基づく選択」と言います。これは、何かしらの理由やストーリーがあれば、矛盾があっても気にしないという傾向です。

典型例は、「自分へのご褒美」という理由で自分自身を納得させて、高いものを買ってしまったり、デザートをたくさん食べてしまったりするケースです。

よく考えれば、そんな理由づけなどせずとも、好きなものを買ったり食べたりすればいいはずですよね。ところが、こうした**「理由」を付けることで、罪悪感が消えて行動しやすくなる**わけです。

このように、「変わること」を邪魔する要因はたくさんあります。「従来のやり方や前例」を良しとし、「自分たちの世代の意識」を大事にする人々もたくさんいます。

こうした人々がいわゆる「老害」になってしまうと、企業や団体が全体的に時代の変化についていけず、落ち込んでいくことになりかねません。

もちろん、すべてにおいて新しいものが優れていて、古いものが劣っているというわけではありません。しかし、**変化のスピードが目まぐるしい現代において、変わらないことはリスク**でもあります。

新しいものを柔軟に試してみる、受け入れる姿勢を持つことは、さまざまな変化に対応していくためにも大切なことでしょう。

最近、同年代の友人たちと集まると「歳を取ると変化が減るね」「新しくやりたいこともなくなるね」という話題がよく出ます。

よく考えると、これも「現状維持バイアス」に他なりません。**世界には新しいモノやコトがあふれているのに、「やったことがあること」しかしていな**

**いから、そのように感じてしまうわけです。**

なじみの店ばかりではなく新しい店に行ってみる、通勤ルートをいつもと違う道に変えてみる、聴いたことがない音楽を聴いてみる、着たことがない服装に挑戦してみるなど、日常の中で「新しいこと」に取り組むチャンスは無数にあります。

毎日をつまらなくするか、面白くするかは自分次第ということを心に留めて、「現状維持バイアス」という枷《かせ》を外し、新しいことにチャレンジしていきたいものですね。

# キャバクラは
# 行動経済学でできている

男女の駆け引きが渦巻く水商売の世界は、実は行動経済学が多用されている「生きた教材」のような場所です。下記のキャバクラでの会話の中で、どんな法則、効果が使われているか、本書の内容を振り返りながらぜひ考えてみてください。

**シーン1**

山田さんって、いつもおしゃれですよね。
今日のスーツも似合っていて素敵です！

**シーン2**

私もスポーツ観戦大好きなんです。
私たち、すごく気が合いますね！



**解答**

シーン1、シーン3：スポットライト効果（61ページ）あなたに注目しています、特別ですよと思わせ気持ち良くさせる
シーン2：フォールスコンセンサス効果（262ページ）自分も相手と同じ気持ちだと思い込ませる

シーン３

田中さんと一緒にいると、なんだか落ち着きます。会ったばかりだけど、田中さんだからお話しますね

シーン４

おいしいお店のお話、もっと聞きたかったです。また会いに来てくださいね！

シーン５

まだ山田さんとお話したいです！
他の席から呼ばれているんですけど……

シーン3：エンダウド・プログレス効果（233ページ）はじめから進展が早いと思わせ、関係を深めたくなるよう仕向ける

シーン4：オヴシアンキーナー効果（223ページ）途中で中断することで、完了するまで続けたいと思わせる

シーン5：サンクコスト効果（197ページ）ここまで払ったコストを取り戻したい、もう少し頑張れば関係が進展するのではないかと思わせる

# 参考文献


*1 Danziger S, Levav J, Avnaim-Pesso L. Extraneous factors in judicial decisions. The Proceedings of the National Academy of Sciences, 2011, 108, 6889-6892.

*2 Tversky, A., Kahneman, D. Judgment under uncertainty: Heuristics and biases. Science, 1974, 185, 1124-1131.

*3 Svenson, O. Are we all less risky and more skillful than our fellow drivers? Acta Psychologica, 1981, 47, 143-148.

*4 Langer, E. J, Rodin, J. The effects of choice and enhanced personal responsibility for the aged: A field experiment in an institutional setting. Journal of Personality and Social Psychology, 1976, 34, 191-198.

*5 Zajonc, R. B. Attitudinal effects of mere exposure. Journal of Personality and Social Psychology, 1968, 9, 1-27.

*6 Gilovich, Thomas, Victoria Husted Medvec and Kenneth Savitsky, The Spotlight Effect in Social Judgment: An Egocentric Bias in Estimates of the Salience of One's Own Actions and Appearance, Journal of Personality and Social Psychology, 2000, 78, 211-222.
Gilovich, Thomas and Kenneth Savitsky, The Spotlight Effect and the Illusion of Transparency: Egocentric Assessments of How We Are Seen by Others,?Current Directions in Psychological Science, 1999, 8, 65-168.

*7 Schreiber, C. A., Kahneman, D. Determinants of the remembered utility of aversive sounds. Journal of Experimental Psychology, 2000, 129, 27-42.

*8 Asch, S. E. Studies of Independence and Conformity: I. A Minority of One Against a Unanimous Majority. Psychological Monograph: General and Applied, 1956, 70, Whole No. 416.

*9 https://doctokyo.jp/mnews/200121/

*10 『影響力の正体』(ロバート・B・チャルディーニ、SBクリエイティブ、2013年)、Dennis T. Regan. Effects of a Favor and Liking on Compliance Journal of Experimental Social Psychology, 1971, 7, 627-639.

*11 Goldstein, N. J., Cialdini, R. B. Using social norms as a lever of social influence. In A. Pratkanis (Ed.), The science of social influence: Advances and future progress. Philadelphia: Psychology Press, 2007.

*12 Miller, R. L., Brickman, P., Bolen, D. Attribution versus persuasion as a

means for modifying behavior. Journal of Personality and Social Psychology, 1975, 31, 430-441.
＊13　『ファスト&スロー（上）（下）』（ダニエル・カーネマン、早川書房、2012年）、Baruch Fischhoff, Ruth Beyth. I Knew It Would Happen: Remembered Probabilities of Once—Future Things. Organizational Behavior and Human Performance, 1975, 13, 1-16.
＊14　『不合理　誰もがまぬがれない思考の罠100』（スチュアート・サザーランド、CCCメディアハウス、2013年）
＊15　Sigall, H., Landy, D. Radiating beauty: Effects of having a physically attractive partner on person perception. Journal of Personality and Social Psychology, 1973, 28, 218-224.
＊16　Freedman, J. L., Fraser, S. C. Compliance without pressure: The foot-in-the-door technique. Journal of Personality and Social Psychology, 1966, 4(2), 195-202.
＊17　Prelec, D.; Simester, D. Always leave home without it: A further investigation of the credit-card effect on willingness to pay. Marketing Letters, 2001, 12, 5-12.
＊18　Ariely and Wertenbroch. Procrastination, Deadlines, and Performance: Self-Control by Precommitment. Psychological Science, 2002, 13.
＊19　Gail Matthews. "Goal Research Summary," paper presented at the 9th Annual International Conference of the Psychology Research Unit of Athens Institute for Education and Research (ATINER), Athens, Greece, 2015.
＊20　厚生労働省『受診率向上施策ハンドブック　明日から使える ナッジ理論』、https://www.mhlw.go.jp/content/10901000/000500406.pdf
＊21　Ovsiankina, M. Die Wiederaufnahme unterbrochener Handlungen. Psychologische Forschung, 1928, 11, 302-379.
＊22　Nunes, J. C., Dr?ze, X. The Endowed Progress Effect: How Artificial Advancement Increases Effort, Journal of Consumer Research, 2006, 32, 504-512.
＊23　「Preply(プレプリー)」による「今どきの告白スタイル」に関する調査
＊24　『行動ファイナンス入門』（角田康夫、PHP研究所、2009年）
＊25　Ross, L., Greene, D., House, P. The "false consensus effect": An egocentric bias in social perception and attribution processes. Journal of Experimental Social Psychology, 1977, 13, 279-301.
＊26　Festinger, L., Carlsmith, J. M. Cognitive consequences of forced

compliance. The Journal of Abnormal and Social Psychology, 1977, 58, 203-210.
＊27　Kruger, J., Dunning, D. Unskilled and Unaware of It: How Difficulties in Recognizing One's Own Incompetence Lead to Inflated Self-Assessments. Journal of Personality and Social Psychology, 1999, 77, 1121-34.
＊28　Charles G. Lord, Lee Ross, Mark R. Lepper. Biased Assimilation and Attitude Polarization: The Effects of Prior Theories on Subsequently Considered Evidence. Journal of Personality and Social Psychology, 1979, 37, 2098-2109.
＊29　Hartman, Raymond S., Michael J. Doane, Chi-Keung Woo. Consumer Rationality and the Status Quo. The Quarterly Journal of Economics, 1991, 106, 141-162.

# 橋本之克
はしもと　ゆきかつ

行動経済学コンサルタント／マーケティング＆ブランディングディレクター

東京工業大学卒業後、大手広告代理店を経て1995年日本総合研究所入社。自治体や企業向けのコンサルティング業務、官民共同による市場創造コンソーシアムの組成運営を行う。1998年よりアサツーディ・ケイにて、多様な業種のマーケティングやブランディングに関する戦略プランニングを実施。「行動経済学」を調査分析や顧客獲得の実務に活用。

2018年の独立後は、「行動経済学のビジネス活用」「30年以上の経験に基づくマーケティングとブランディングのコンサルティング」を行っている。携わった戦略や計画の策定実行は、通算800案件以上。

昭和女子大学「現代ビジネス研究所」研究員、戸板女子短期大学非常勤講師、文教大学非常勤講師を兼任。

『世界最先端の研究が教える新事実　行動経済学BEST100』（総合法令出版）、『ミクロ・マクロの前に　今さら聞けない行動経済学の超基本』（朝日新聞出版）などの著書や、関連する講演・執筆も多数。

https://www.o-hashimoto.com/
yh@o-hashimoto.com

ザイオンス効果は
発揮されましたか？

# 世界は
# 行動経済学でできている

発行日　2025年3月11日　第1刷
発行日　2025年5月27日　第5刷

| | |
|---|---|
| **著者** | 橋本 之克 |

**本書プロジェクトチーム**

| | |
|---|---|
| **編集統括** | 柿内尚文 |
| **編集担当** | 村上芳子 |
| **編集協力** | 増澤健太郎、森秀治 |
| **デザイン** | 萩原弦一郎（256） |
| **カバーイラスト** | めんたまんた |
| **本文イラスト** | ひらのんさ |
| **DTP** | 藤田ひかる（ユニオンワークス） |
| **校正** | 鷗来堂 |
| | |
| **営業統括** | 丸山敏生 |
| **営業推進** | 増尾友裕、綱脇愛、桐山敦子、相澤いづみ、寺内未来子 |
| **販売促進** | 池田孝一郎、石井耕平、熊切絵理、菊山清佳、山口瑞穂、吉村寿美子、矢橋寛子、遠藤真知子、森田真紀、氏家和佳子 |
| **プロモーション** | 山田美恵、川上留依、鈴木あい |
| | |
| **編集** | 小林英史、栗田亘、大住兼正、菊地貴広、山田吉之、福田麻衣、小澤由利子、宮崎由唯 |
| **メディア開発** | 池田剛、中山景、中村悟志、長野太介、入江翔子、志摩晃司 |
| **管理部** | 早坂裕子、生越こずえ、本間美咲 |
| **発行人** | 坂下毅 |

発行所　株式会社アスコム

〒105-0003
東京都港区西新橋2-23-1　3東洋海事ビル
TEL：03-5425-6625

印刷・製本　日経印刷株式会社


Printed in Japan ISBN 978-4-7762-1365-9